生類憐み令事件の取調べと裁判

道中奉行・大目付の捨て馬吟味を中心に

後藤正人
GOTO Masato

文理閣

はしがき　生類憐み令研究の意義

豊臣政権から廃藩置県に至る近世封建時代を支えていたのが近世法であるが、この近世法は幕府法と藩法と村法から構成されると言えば、単なる「法主体」による分類にすぎない。同様に村法は藩法に規定され、藩法は幕府法に規定されると考えたり、或いは村法は藩法に独立し、藩法は幕府法に独立していると考えることも正しくないであろう。この問題は近世における裁判権のあり方とも連動し、近世固有の領主関係、及び近世身分制の在り方とも密接な関係を有するに違いない。近世法は、幕府・藩・寺社・公卿・百姓・町人・被差別民を含む存在であり、同時に近世固有の身分制的土地所有構造に規定されていることも重要な点である。こうした法構造から近世法の特質を明らかにしていくためには、百姓一揆禁令、キリシタン禁教令や生類憐み令といった全国的な法令に係わる事例、及び取調べと裁判をめぐる研究は極めて有効な役割を果たすものと考えられる。

生類憐み令の研究では、後に見るように、都市部の野犬の対策などの研究は著しいが、農村地域における捨て馬や倒牛を対象とする研究が少なく、他領他支配関係に亘る捨て馬に対する幕府の評定所指令下の道中奉行・大目付による取調べと裁判の研究は貧困の状態である。生類憐み令における捨て馬・倒牛事件の意味は、これまで本格的な研究に乏しかったが、重要な内容を占める。また近世身分制と絡めた生類憐み令の研究も乏しかったのである。

近世法、とりわけ裁判管轄をめぐる問題を解明していくために、幕府の裁判管轄や個別藩の裁判管轄をそれぞれ別個に検討したのではその全体像は結べない。しかし、それぞれ個別的に検討したことを何とか繋げようとしても訴訟物が異なるので、唯の比較になってしまう。それではいかなる方法があるのであろうか。そのための有益な検討方法の一つが、幕府の全国的法令を扱うことである。例えば百姓一揆の禁令、キリシタン禁令や生類憐み令といった幕府の全国的な法令が諸藩でどのように周知され、この法令に違反する具体的な事例に諸藩の民衆が係わり、この民衆に対してどのような取調べが行われ、この民衆は具体的に生類憐み令に対してどのような法意識を持っていたのか、この取調べの主体はいずれであり、裁判の主体は幕府の何処にあったのか、こうしたことが具体的に検討できるとすれば、近世前期の「民衆と法」の重要な部分は見えてくるに違いない。本書のような生類憐み令をめぐる事件に関する詮議書を検討することは同法の真の意味を明らかにしうる可能性と共に、幕藩法の真実解明にも重要な手掛かりを与えうるものと期待されるのである。

幕府の全国的吟味権について、平松義郎氏は、「幕府が各裁判役所に分配するに当っては、三奉行ないし評定所にそのほとんどを保有せしめた。遠国奉行には若干他領他支配関連事件の吟味権を認めたが、代官には原則として全国的性格を帯びた吟味権は与えなかった」。「仕置権については、老中ないし将軍が死刑、遠島の裁決権を掌握し、いかなる裁判役所といえども、遠島以上の刑罰を手限で決定することはできなかった」[1]と述べていた。また他領他支配関連事件について、大名は幕府の裁判を請うることも指摘していた。[2]

幕藩国家の最高裁判所である評定所は、一般に老中を首座として、三奉行（寺社、勘定、〈江戸〉町奉行）から構成されている。

個々の大名の仕置権は、他領他支配関連事件では、機能することは出来ない。大名の自分仕置令については、一つは後の元禄一〇年（一六九七）六月のこととして近世後半期の幕府官撰編纂物に収められているものと、今一つは幕府の「被仰出之留」や諸藩に残されている同二年六月のこととして、福井藩に残されている法文が引かれている。この第二の法令は、逆罪の者・火付けの者・生類を疵付、損じた者の仕置について、「右科人有之ハ、遂僉議、一領一家中迄ニ而外へ障於無之者、向後不及伺、江戸御仕置ニ准し自分仕置可被申付候、但シ、他所へ入組候ハヽ、月番之老中迄可被相伺候、遠島ニ可申付科ハ、領内ニ島於無之ハ、永牢、或親類縁者等へ急度可被預置候、且又生類あはれミの儀、兼々被仰付候通、弥堅相守、入念ニ可被申付者也　丑六月」[3]とあり、生類憐み令等の重大事件の仕置について、この事件が他領他支配に亘る場合には月番で交代する老中へ伺いを立てよというのである。但しこの法令が全く新しい内容を有したというのは、言い過ぎであろう。この命令に近い実態があったのではなかろうかと思料される。因みに第一の法令には生類憐み令に関する規定が削除されており、平松氏が指摘しているように[4]、将軍綱吉在職中であるので、後代のものであることが考証されている。

本書では、これまで重要でありながら研究の乏しかった捨て馬や倒牛事件を中心に検討し、同様に生類憐み令で挙げられていたにも拘らず検討されてこなかった、同事件に係わる道中奉行と大目付の取調べや裁判を史料に基づいて検討することとなる。即ち多くの捨て馬の事例は幕府の評定所首座である老中の指令を受けた道中奉行を兼任する大目付と今一人の大目付による諸領主の領地における具体的な取調べや刑罰の伺いの様相を検討することとなるであろう。

注

（1）平松義郎『近世刑事訴訟法の研究』（創文社、一九六〇年）四六〇頁。

(2) 前掲『近世刑事訴訟法の研究』六五頁以下。なお平松氏は生類憐み令を「生類憐愍令」と称し、大名仕置令(大名仕置権を保障)と生類憐み令との関連について、興味深い指摘がある(同書四頁以下)。
(3) 前掲『近世刑事訴訟法の研究』五頁。
(4) 前掲『近世刑事訴訟法の研究』五頁以下。

目次

序章　生類憐み令の研究と課題

ここでは生類憐み令と、近年の研究に鑑みて、史料としての「千阪随筆」について、及び本書の構成についてあらかじめ述べておきたい。

（一）生類憐み令について

生類憐み令の初発は貞享二年（一六八五）に出るが、その代表的なものとして同四年正月に出されたものによれば、次のようである。

惣て人宿又ハ牛馬宿其外にも生類煩重く候えハ、未死内に捨候様粗相聞候。右之不届之族有之ば、急度可被仰付候。密々左様成儀有之候ハ、訴人に出へし。同類たりといふとも、其科をゆるし、御褒美可被下者也。

貞享四年卯正月日

口上之覚

今度書付出候上ハ、身体かろきものハ、はこくみかね可申候間、町人ハ町奉行、地方ハ御代官、道中筋ハ高木伊勢守、給所ハ地頭え訴可申者也。

卯正月日

なお同年四月には、捨て子、鳥類畜類や犬をめぐる憐みの令が出ているので、併せて紹介しておきたい。

覚

一　捨子有之候ハヽ、早速不及届、其所之者いたハリ置、直ニ養候か、又は望之者有之候ハヽ、可遣候。急度不及付届候事。

一　鳥類畜類人の疵付候様成ハ、唯今迄之通可相届候。其外友くひ又ハおのれと痛煩候計にてハ不及届候。随分致養育、主有之候ハヽ、返可申事。

一　無主犬頃日は食物給させ不申候様に相聞候。畢竟食物給させ候えハ、其人之犬之様に罷成、以後迄六ヶ敷事と存、いたハり不申と相聞、不届候。向後左様無之様可相心得事。

一　飼置候犬死候えハ、支配方え届候様相聞候。於無別条は、向後ヶ様之届無用事。

一　犬計に不限、惣て生類人々慈悲の心を本といたし、あハれミ候儀肝要事。

以上。

卯四月日

（「御当家令条」巻三三、近世法制史料叢書第二、一部表記代え）

まず「覚」では、人宿や牛宿の者が、生類が重態に陥った際に、つまり死ぬ以前に捨てるようなことが起こっていると聞いている。こうした者がいる場合には厳しい刑に処することとする。秘密にこうしたことが起こった場合には、訴えるべきである。犯人の仲間であっても訴えた場合には、罪を許して褒美を取らせる。その後の「口上之覚」では、この法令が出たからには、身代が軽い者は難儀するであろうから、生類の世話が出来兼ねる者がいる場合は、道中筋では道中奉行（兼大目付）・高木伊勢守へ、領民はその領主へ訴えるように。事件の詮議により、相応に命令が下るであろう。

同年四月の法文によれば、捨子、鳥類・畜類、とりわけ犬の養育のこと、そして生類に対する慈悲の心得などであるが、これに違反した場合の量刑は一切書かれていない。果たして、生類憐み令は道徳的な所謂訓示規定なのか。

しかし取調べや裁判を検討すれば、決してそうではなく、本文中で検討されるように、違反者は勿論、容疑者にも厳しい取調べや刑罰が科せられていた。また動物愛護の規定でもなかったのである。なお法令中の高木伊勢守とは、当時大目付で道中奉行を兼任していた上級旗本の高木守勝のことである。

この条文によれば、動物をめぐる種々の犯罪類型は見られるが、具体的な量刑が規定されていないことは注目される。このことは天領や大名領などにおける取調べや裁判では困難を来したであろうし、いわゆる支配違いに亘る事件でも同様な事態に陥ることが予想されるのである。即ち幕領と領主間、あるいは他領主間の事件の発生を予想することができるからである。動物愛護の観念が窺えるが、この観念は果たして本物かどうかという問題では、幕府が係わった事件をめぐる取調べや裁判を検討しなくてはならない。

(二) 生類憐み令をめぐる最近の主な研究

一九八三年：塚本学『生類をめぐる政治―元禄のフォークロア―』平凡社

一九八五年：駒田信二『世界の悪女たち』「桂昌院」文春文庫

一九八七年：後藤正人「生類憐みの令に触れた豊後国の賤民」『部落問題研究』九一
一九九〇年：白橋聖子・大石学「生類憐み令と中野犬小屋」東京学芸大『近世史研究』四
一九九二年：板倉聖宣『生類憐みの令―道徳と政治―』仮説社
一九九九年：岡崎寛徳「幕府生類憐みと大名の鷹贈答―津軽家を事例として―」大蔵精神文化研究所『大倉山論集』四三
二〇〇〇年：桜井昭男「生類憐みの令と多摩」大石学編『多摩と江戸　鷹場・新田・街道・上水』けやき出版
二〇〇六年：根崎光男『生類憐みの世界』同成社
二〇〇七年：門脇朋裕「小田原藩における江戸幕府法施行状況について―『生類憐み令』を中心に―」明治大学大学院『法学研究論集』二八
二〇〇八年：古城正佳（書評）根崎光男『生類憐みの世界』『法制史研究』五七
門脇朋裕「福島藩、南部（盛岡）藩における江戸幕府法施行状況について―『生類憐み令』を中心に」前掲『法学研究論集』二九
二〇一三年：駒ヶ根正幸「生類憐みの令と盛岡藩」『アジア文化史研究』一三
門脇朋裕「弘前藩における『生類憐み令』の一端―領内への伝達と処罰例を中心に―」『弘前大学国史研究』一三四
二〇一四年：後藤正人「生類憐みの令と地域―付、生類憐みの令関係年表―」後藤編・刊『法社会史紀行』創刊号
二〇一七年：脇正典「生類憐み令にみる幕藩関係―萩藩を素材として―」『山口地方史研究』一一七

後藤正人「生類憐みの令の裁判史料と解説（一）―常陸国新治郡下の事例―」後藤正人編・刊『法社会史紀行』四
二〇一八年：後藤正人「生類憐みの令の裁判史料と解説（二）―信濃国の捨馬、及び江戸の蛇使いの事例―」同上五
二〇一九年：篠村正雄「生類憐みの令と弘前藩」『弘前大学国史研究』一四六
橘敏夫「綱吉政権期の捨馬札」交通史学会『交通史研究』九四
千葉拓真「生類憐みの令と飯田藩―元禄二年令にかかわる動向を中心に―」『飯田市歴史研究所年報』一六
仁科邦男『「生類憐みの令」の真実』草思社
後藤正人「生類憐みの令の裁判史料と解説（三）―常陸国新治・下野国都賀・上総国山辺各郡下などの捨馬事例―」前掲『法社会史紀行』六
二〇二〇年：後藤正人「生類憐みの令と身分制―大坂町奉行の豊後国被差別民取調べを中心に―」熊谷開作先生生誕百年記念論集『裁判と自治の法社会史』晃洋書房
後藤正人「生類憐みの令の裁判史料と解説（四・完）―捨馬・武士の鹿狩・狼害への脅し鉄砲・御放鳥・犬への傷害―」前掲『法社会史紀行』七
後藤正人「生類憐みの令の特質」同上七
二〇二一年：後藤正人『近世・維新期の民衆と法―東九州を中心に―』文理閣、「第二章　生類憐みの令事件の取調べ・裁判をめぐる幕藩関係法―倒れ牛・捨て馬を中心に―」
二〇二二年：仁科邦男『「生類憐みの令」の真実』草思社文庫（二〇一九年の同名書に加筆）

小石川裕介〔書評〕『裁判と自治の法社会史』『法制史研究』七一（成文堂）
門脇朋裕「貞享・元禄期小田原藩領地方における触書」『法制史研究』七一
大賀郁夫「〔書評〕後藤正人『近世・維新期の民衆と法—東九州を中心に』」『日本歴史』八九
○
二〇二三年：門脇朋裕「〔書評〕後藤正人『近世・維新期の民衆と法—東九州を中心に—』」『法制史研究』七二

生類憐み令に対しては種々の考察がなされている。関連する言及は膨大であり、全てに目を通すことも困難であるくらいである。従来の研究でユニークな内容で教えられることが多いのは、塚本学『生類をめぐる政治』である。副題に「元禄のフォークロア」と題されたように、生類をめぐる「鉄砲、鷹、犬、捨子・捨牛馬」を事例として、多彩な考察が窺える。しかし生類憐み令に関する取調べ・裁判を中心に扱った内容ではなく、また近世身分制（主として武士、百姓、町人、被差別民）に対してどのように機能したのかという課題は残されていた。なお綱吉政権については、同じく塚本氏の「綱吉政権の歴史的位置をめぐって」（『日本史研究』二三六号、一九八二年）は有益であった。

根津光男『生類憐みの世界』に対しては、古城正佳氏による書評があり、同書の生類憐み政策を詳しく検討し、幾つかの問題点も指摘している。同書では捨て牛馬なども検討して、「生類」には人・牛馬を始め、動物を指しているとするが、近世の身分法では、人一般は存在しないし、生類憐み令関連事件の取調べや裁判の検討には至っていないのである。

仁科邦男『「生類憐みの令」の真実』（二〇二二年）は、これまで近世における犬をめぐる施策や諸問題を精力的に検討し、やがて「生類憐み令」の問題に辿り着いたという。生類憐みをめぐる種々の観念（将軍・綱吉が長男を亡くした後は、嫡男を得たいという願望）との関連を始め、彼の母・桂昌院の影響や、とりわけ僧・隆光の影響を重視する。生類の内でも特に馬を始めとする生類の保護を意図して、馬を始め、種々の生類に関するそれぞれ若干の判例を紹介する。但し農村においては捨て馬の事件は多いと思われるが、基本的な検討はない。塚本学『生類をめぐる政治』に対して、「生類憐み令」の生類の概念には人間は含まれていないことを主張している。同書は、生類憐み令研究の多くの場合と同じように、幕府の「御仕置裁許帳」[1]を利用しているが、同史料は評定所の短い簡潔な判決録である。本史料には事件が起こった現地での詮議（取調べ）の具体的な内容は全く記載されていない。即ち、取調べの範囲と厳格さ、拷問の有無や縁座の適用、また容疑者などの生類憐み令に関する法意識については塚本書と同様、基本的に検討されていないのである。

捨て馬の関わりで注目されるのは、前掲橘「綱吉政権期の捨馬札」である。本稿は、交通史の視角から地方史料を援用しつつ注目すべき考察が窺われる。天和二年（一六八二）五月付の忠孝札「道中宿々御高札表」（忠孝・家内円満、倹約、家業勤勉、盗賊・悪党の訴えの奨励、喧嘩・口論の停止、死罪現場への一般立入り禁止、人身売買の停止・年季奉公人の年季制限など）を「生類憐みの一般原則を示したもの」と評価する。これが幕府の直接の指令だとするかどうかはともかく、生類憐みの内容は存在しないので、この評価には疑問がある。貞享四年（一六八七）正月の捨て牛馬禁令、及び「口上之覚」も紹介されている中で、高木盛勝（守蔵）を幕府の道中奉行としただけで、大目付の兼任であることには言及がない。とりわけ同四年四月の捨て馬禁令を挙げ、これには捨て馬につき、死罪にも当たるとした上で、今後は流罪とするなどと命じていた。なお三河国内の「捨馬札」の掲示状況（元禄四＝一六九一、同一〇＝一六九七、宝永三＝一七〇六、宝永四＝一七〇七、宝永七＝一七一〇年、正徳二＝一七一二年）も挙げている。元禄元年（一六八八）一〇月の禁令では、捨て馬を一般的に禁止し、「用ニ不立、養ひ兼」ねる際の届け先は幕領は代官、私領は当領主と指定していたのである。翌元禄二年三月の禁令の「附」には、捨て馬を行った者は死罪獄門、隠蔽した村役人は死罪、幇助を流罪とし、息子は連座法により追放刑とする旨が下っている。以上の禁令を掲げたことは有益であった(2)。但し、こうした禁令の規定と捨て馬事件に関する取調べや裁判との係わりでの事例が少ないために、禁令の実証的な考察には到っていないが、それは本稿が「交通史」の立場であり、致し方がないことと考えられる。

生類憐み令で保護された生類と同令に触れた人々に対する取調べの実態や刑罰とを比較することで、同令が当時の人々にとってどのようなものであったのか、浮き彫りになっていくのではないか。

論文研究では個別藩における生類憐み事件が大要を占めており、具体的な取り調べに関する具体的な史料があれば、取調べの実態はその限りでは明らかになるが、生類憐み令の全体像の研究が依然として課題となっている。個別藩における生類憐み令の事件研究は地域史研究に貢献し、生類憐み令が地方の藩に如何にして浸透したのかという研究にも資することになる。

私の一連の研究は、後に改めて述べるが、諸藩や他支配他領主間の農村における比較的多くの捨て馬の事例を道中奉行（兼大目付）とさらにもう一人の大目付の計二人による具体的な取調べや、大坂町奉行による倒牛事件の犯人とされた被差別民をめぐる驚くべき取調べの実態（この史料を曽て先の後藤「生類憐みの令に触れた豊後国の賤民」で解読し、大要を述べた）を明らかにし、また売薬のための蛇使い・犬への傷害や武士の鹿狩などの事例を検討して、「生類憐み令の特質」を明らかにしようとする研究であり、近世の裁判管轄の問題についても重要な実証例を挙げるものであった。とりわけ捨て馬事件では、他藩他支配の村へ馬を捨てることとなり、領主間では決着がつかず、江戸の留守居を通じて老中などへ事の次第が伝えられ、結局評定所の管轄となり、多くの場合では道中奉行兼大目付と他一人の大目付による取調べとなるのである。なお私の一連の研究については、以下の基本史料である「千阪随筆」に関する処で申し述べたい。

将軍綱吉が犬公方とも世間で言われたことに着目して、主に犬をめぐる事例を扱っただけでは、生類憐み令の大要は鮮明にはならないのではないか。要するに犬をめぐる事例はほとんどが城下町や町場が対象となる。即ち広範な農村や、漁村での事例が欠落してしまうのである。

昨今では国際的な動物愛護の動向や、国内の動物愛護法などとの関連で、生類憐み令を動物愛護の法のルーツとしてやや高い評価を与える見方もある。(3) こうした観念の先駆的な研究が古田良一「生類憐みの令に就いて―徳川五代将軍綱吉の性格とその文治政治―」(『日本歴史』二〇、一九四九年)である。但し、この観念はあくまでも近世儒教的な仏教観念であり、同令をめぐる取調べを初めとする実態を検討しなければならないことが痛感されるのである。この動物愛護の見方については、取調べの実態から、この誤りについて以下の検討で明らかになるであろう。

生類憐み令と刑罰との関係について最後に検討しておきたい。生類憐み令時代のいわば「刑法」として「厳牆集」や「元禄御法式」が知られている。(4)「厳牆集」・「元禄御法式　下」は、編纂者によれば、先の「御仕置裁許帳」に含まれる判決を整理したものであるが、前者は事例の要旨であり、後者は条文の形式を採っている。前者の編纂年代は元禄七（一六九四）～一一年（一六九八）以前とされる。従って生類憐み令にかかわる刑罰は「御仕置裁許帳」それ自体が指し示すこととなるのである。なお「厳牆集」に挙げられた生類憐み令関係では、先に検討した武士が主人に知らせずに猪二匹を百姓に取らせた事件で浅草にて獄門に処した事例や、養子に貰い、捨て子をした町人が品川にて獄門に処された事例が知られている。

他方「元禄御法式　下」では、一二の条文に整理されている。即ち①犬を殺す者、傷つける者の類、犬の子を損じ、犬を捨てる者、犬を紛失した者につき、「赦免多し、流罪も有之」、②子犬が構えの内にいるのを見付けて子犬を捨てる者、子犬を盗んで絞め殺す者、意趣ある者の店下へ捨て置く者「磔、獄門、無誤有体に不申上科ニて追放之者も有之」、③桜田外の腰掛にて鼠を損さす者、「入牢之上主人え渡」、④猪狩をした者の類は「流罪」、埋めてある猪を掘り出す者は「死罪」、同手伝いは「赦免」、熊を殺す者「流罪」、猫を殺す者「十里四方追放」、⑤犬や猫を怪我させて殺す者の類「数年入牢之上赦免」、仕方が特に不仁なる者で「怪我ニモ追放あり」、⑥捨て馬をする者の類、同怪我があって殺す者、酒狂いの上で切殺す者「流罪、追放、赦免」、⑦馬を切付ける者の類、同傷つける者「酒狂ニは入牢之上赦免、追放有、馬切候人をも」、⑧鳥類を殺す者の類、怪我にて殺す者、黐（とりもち）にて鳩を刺す者「死罪」、同手伝い候者「遠島、入牢之上赦免」、⑨鶏の卵を潰す者「入牢之上赦免」、⑩しめ鶏「獄門又は赦免も有之」、生きた雀を商売する者の類「流罪」、生きた蛇を持って売薬する者の類「追放」、⑪黐縄などを張って輪穴を指し、鉄砲を打って鳥を取る者の類「何も流罪、妻娘奴（家内奴隷）」、⑫江戸城内を意味する曲輪の堀で魚を取る者の類、網を拾う者「死罪、獄門、男子は十里四方追放、妻娘は無御搆（おかまいなし）、家財は闕所」、である。

さて評定所の生類憐み令関係事例の取調べと裁判であるが、先の「元禄御法式　下」の内容をさらに詳しく検討しておきたい。まず先の①の刑罰では、死罪はなかったように見えるが、犬殺しの無宿が牢屋で死罪となっている。流罪では罪状により、薩摩、佐渡、八丈島や神津島があり、追放では日本橋より三里、五里、あるいは一〇里、さらに広い範囲の場合もあった。「赦免多し」というのは間違いである。②、③、④、⑤の刑罰では、特に指摘する必要はない。猪狩りをした武士が品川で死罪・獄門になったのは、武士身分として主人に知らせずに狩をしたことが決め手になったものと考えられる。⑥の刑罰では、捨て馬を行った者は罪状により、八丈島や三宅島の流罪、あるいは追放刑となる。⑦の刑罰では、武家奉公人である中間が酒に酔い、馬を切付け、辻番人をも傷付け、この番人を死に至らしめて、「解死人」の刑を申しつけられたが、この刑罰は新刀などの験し物になることが付加されるのである。⑧の刑罰では、罪状により死罪ないし流罪となり、過失などでは放免となっている。⑨の刑罰では、放免である。⑩の刑罰では、鶏を絞めて商売する者は品川で獄門、他人が絞めた雀を商売した者は流罪。赦免となった事例は以下のようであった。鶏を絞め、毛をむしっていた久兵衛という者が召捕られ、買い取ったものとされて、「しめ売停止之処、相背、買取候段不届ニ付、穿鑿之内牢舎」となったが、「家主五人組幷其身兄上総国富津村武兵衛訴候、久兵衛在所え召連可参旨、兄武兵衛申ニ付、翌年（元禄三年）一二月一六日赦免」となっている。鶏の数は二羽であり、商売にしていたのかどうかは断定できないが、保証人がいたことが赦免の決め手になったのであろうか。⑪の刑罰では、纏まった生類憐み令が出た貞享四年（一六八七）以前の事例が記されており、様々な方法で鴨などを取った者は獄門に掛けられている。同四年以後では鴨などを取った者は獄門、その後は流罪（隠岐、薩摩）となっている。⑫の刑罰では、江戸城内である曲輪の堀で鯉や鮒を採った者は死罪、その女房・子供は赦免、道具は欠所（没収）となる。同じく罪状により死罪・獄門となり、内容不明ながら息子は江戸一〇里四方追放となっている。同様の仕儀で死罪・獄門となった者の女房が赦免となった時点で懐胎して、その後男子が出生した場合は江戸一〇里四方追放すると言い渡されている。ちなみに、この出生などの経過につき、届けなかった罪によって名主は閉門、五人組の者たちは手鎖の刑となり、町内の者にお預けとなったが、町内の者たちなどが「訴訟」を申し立て、やがて赦免となっている。桜田門の堀で網を拾って持ち帰った者は江戸二〇里の追放となり、この女房や倅は赦免となった。

以上の「元禄御法式　下」と「御仕置裁許帳」を比較してみれば、「御仕置裁許帳」を正確に条文化したものとは言えない箇所が幾つもあり、多少の「立法的」作為が感じられる。多少緩やかに加工したともいえる。「御仕置裁許帳」の歴史的傾向を観察すれば、やや刑罰が緩和されていく状況を見ることができるのである。

「御仕置裁許帳」によれば、死罪や獄門の対象となる罪状は犬殺し、埋めた猪の掘り出し、鳥もちで鳩を刺し、鶏を絞めたり、曲輪の堀で魚を取る等の行為であることから、殆んどが町場や城下町での行為が問題とされたと思い知らされるかも知れない。逆に農村でかなり多く発生した捨て馬に対しては重罪でも流罪であるので、捨て馬の問題に対する関心が低下し、従って捨て馬事件の取調べや裁判の検討には向かわないという結果を来たしたとしても不思議ではない。

多少知られてはいるが、生類憐み令に対する実際的な批判として、対馬藩の陶山訥庵（木下順庵門下）が島内の田畑を猪の害から守るために、猪の根絶やしに成功したことは特筆すべきことと思われる。また幕府に登用された新井白石（順庵門下）が登用直後の宝永六年（一七〇九）一月に新将軍・家宣へ進言して生類憐み令の廃止を実現したことも付言しておきたい。

(三)「千阪随筆」について

「内閣文庫」に「千阪随筆」と題する大分の史料が収められている。この第一冊は、生類憐み令に関する記事であることが知られている。『内閣文庫未刊史料細目　下』（国立公文書館内閣文庫、一九七八年）の編者は「江戸末期のある人が、入手した雑多な文献を編集して一八冊にまとめたものである」。筆者は不明であり、興味のあった史料を引き写したことと言われている。その多くは元禄、享保、延享頃の写本を編綴したもので、外題の「千阪随筆」についても由来不明であり、本書の編者を推定する手掛かりはないという。写本であるが故に、誤植にも注意が必要である。本史料を利用した古い研究には、管見の限りでは、先に挙げた後藤「生類憐み令に触れた豊後国の賤民」や、同「生類憐みの令と地域」がある。

この「千阪随筆」と題する古文書（写本）の中に、生類憐み令に関する貴重な取調べと裁判関係史料群が納められている。重要なことは、この取調べに当たったのがほとんど道中奉行兼大目付と他の大目付の二人であるということである。評定所との係わりが示唆されているのである。この書付は、①から⑭に分かれているが、①・⑤・⑭は同一の一連の捨て馬事件の取調べの史料群であり、④は倒牛の事例で膨大な史料である。捨て馬事件が外にもあり、さらに犬への傷害事件、蛇を使う商売の事件や武士（足軽）による猪狩の事例などである。事例の数は、一二件となる。

事例の内容を整理すると、①・⑤・⑭、及び②、⑥、⑦、⑧、⑨は捨て馬事件、④は病気による倒牛事件、③は江戸における商売（売薬）のための蛇使いの事件、⑩は武士（家来足軽）の鹿狩事件、⑪は狼による死傷をめぐる事件、⑫は伊豆新島での御放鳥にかかわる事例、⑬は江戸における泥酔した山伏の犬への傷害事件、である。事例として圧倒的に多いのは捨て馬事件である。その他の個々の事例は全てばらばらであるが、いずれも興味ある事例が見られる。因みに、生類憐み令に抵触した武士（足軽）の事例として⑩があるが、高鍋藩における藩士の事例を挙げておいた。

また事件に係わる国名を改めて挙げると、捨て馬事件の場合では、①・⑤・⑭は常陸国、②は信濃国、⑥は下野国、⑦は上総国、⑧は不明、⑨は甲斐国であり、倒牛事件④は豊後・豊前の両国である。蛇使い商売の事件③及び山伏による犬の傷害事件⑬は江戸であり、武士の鹿狩り事件⑩は相模国、御放鳥に係わる事件の⑫は伊豆国、狼による子どもの殺傷事件⑪は越前国、である。

①はかつて後藤「生類憐みの令の裁判史料と解説（一）―常陸国新治郡下の事例」（後藤編・刊『法社会史紀行』四号、二〇一七年）で扱い、②と③は同「生類憐みの令の裁判史料と解説（二）―信濃国の捨馬、及び江戸の蛇使いの事例」（同誌五号、二〇一八年）で扱い、⑤、⑥、⑦、⑧は同「生類憐みの令の裁判史料と解説（三）―常陸国新治・下野国都賀・上総国山辺各郡などの捨馬事例」（同誌六号、二〇一九年）で扱い、⑨、

⑩、⑪、⑫、⑬、⑭は同「生類憐みの令の裁判史料と解説（四・完）―捨馬・武士の鹿狩・狼害・御放鳥・犬への傷害」（同誌七号、二〇二〇年）で扱い、④の倒牛をめぐる被差別民の貴重な事例は同「生類憐みの令と身分制―大坂町奉行の豊後国被差別民取調べを中心に」（熊谷開作先生生誕百年記念論集、石川一三夫・矢野達雄編著『裁判と自治の法社会史』晃洋書房、二〇二〇年）で検討した。以上の捨て馬と④の倒牛の事例は、拙著『近世・維新期の民衆と法―東九州を中心に』（文理閣、二〇二一年）の第二章「生類憐みの令事件の取調べ・裁判をめぐる幕藩関係法―倒れ牛・捨て馬を中心に―」でやや総合的に検討してみた。即ちこれまで等閑に付されていた捨て馬・倒牛を中心とする道中奉行兼大目付・さらにもう一人の大目付が評定所首座の老中に宛てた取調書と刑罰伺書が中心と考えられる。同時に在地における具体的な取調べの実態がかなり判明する内容が多く含まれているのである。要するに、私の一連の研究は主に「千早随筆」の史料を解読・検討して、取調べの様々な特徴、容疑者などの生類憐み令に関する法意識、ここに現れた幕府裁判制度の特徴や生類憐み令の特質をまとめ、幕藩法の性格について一石を投じようとするものであった。

農村と捨て馬、何故に「捨て馬」の事例を主に扱うのかという意味について改めて述べると、他領・他村から自村への捨て馬があった際に飼育できない場合には他領へ捨てるという気持ちが働くことは想像に難くない。また百姓が自分の馬に怪我などの故障が発生し、耕作に役立たなくなったことなどの場合にも捨て馬は起こるのである。この場合に領主間ではなかなか決着が付かず、幕府が動くこととなり、生類憐み令の条文にあるように、結局は評定所（首座の老中）を通じて大目付兼・道中奉行の高木伊勢守ともう一人の大目付の担当が命じられることとなるのである。

これらの事例は百姓と、町人をめぐる取調べであるが、捨て馬をめぐる百姓身分の取調べは近村の百姓たちに対して極めて広範囲にわたっていることと、百姓身分に対して嫌疑が掛かる場合には拷問が一般的に行われており、多少の容疑があっても武士身分は拷問から免れていたことが判明する。また捨て馬を行った百姓の家族にも縁座法の規定によって罪をかぶることとなる。ところが、例えば蛇を使って売薬をした町人の家族には取調べは及んでいなかった。生類憐み令に対する法意識の面では、捨て馬事件をめぐって関係した百姓たちは一様に村の高札などで生類憐み令を一応知っていたが、いざ現実になると心の内では生類憐み令の規範意識は消えていたことを証言していた。

近世社会は身分制社会であるから、捨て馬を命じた者や直接行った者の身分を見ておくことが重要である。①・⑤・⑭の場合は百姓（名主・組頭・百姓・定使）、②の事例では百姓（博労）、⑥の場合は百姓（主人、下人）、⑦の事例では百姓（父と子、但し馬を捨てた父が後で子に伝えたという）。⑧の事例では百姓、⑨の事例では百姓（博労）であった。従って圧倒的に百姓身分が多く、少数の事例では博労（大きくは百姓身分）である。上述の④の事例では被差別民（穢多身分）であった。なお蛇を使用した売薬商売③の事例では町人（店借層）、鹿狩⑩の事例は武士、⑪の狼による死傷事件の犠牲者は百姓の子であり、⑫の御放鳥の際に病気となった者や、⑬の泥酔での犬の傷害を起こした者はいずれも「坊主」身分と言ってよいであろう。なお残念ながら、全体的に照らし合わせるべき地方史料にまみえる機会がなかったことを申し述べておきたい。

なお本史料の性格について言及しておかなければならない。所収される一二件の事例の内、道中奉行兼大目付の高木伊勢守守勝、及び大目付・藤堂伊予守良直による特定の刑罰、ないし刑の伺いを老中（評定所首座）へ行った書付は①・⑤・⑭、②、⑥、⑦、⑨である。また④は大坂町奉行の能勢出雲守による全老中（評定所）への伺い、なお⑧は高木伊勢守を含む三名の大目付への取調べの報告の書付である。以上の外では、③、⑩、⑪、⑫、⑬は評定所首座・老中方（カ）への取調べの報告の書付である。即ちほとんどの書付は老中方への伺書であり、取り分け（評定所首座）老中方へ明確な伺いを示す書付は④である。なお⑦では大目付方で詮議したことが明記されている。従って評定所首座の老中方から大目付並びに道中奉行へ、これらの生類憐み令事件の取調べや、あるいは裁判（量刑についても伺いの上）のことを命じたことが推定されるのである。この場合、「御仕置裁許帳」に見られる最終的詮議・刑罰を下したのは評定所であったことも参考になるであろう。(5)

これらの書付の内、差出人として最も多く名前の出ているのは高木伊勢守である。これらの書付が元来まとまった一体の史料かどうかは判明しないが、評定所留役の何れかの家に伝来した史料からの抜粋（写本）であろうか。後考を待ちたい。

(四) 本書の構成

本史料はすでに紹介したように、一四の区分に分かれているが、①と⑤と⑭は同一の捨て馬事件なので、これを整理して第一章とする。他の捨て馬事件を第二章とし、倒牛事件は詳細な検討が必要であるが故に第三章とする。武士（足軽）の鹿狩、江戸の蛇使いと犬への傷害、狼害への脅し鉄砲や御放鳥をめぐる事件は第四章とする。これらの検討結果を第五章で「本書の成果と、残された課題」という視角から検討する。ここでは取調べと裁判の特徴、とりわけ刑罰と縁座や拷問についても論究したいと思う。

なお第一、二章、及び第四章については、史料の検討を先に行い、その後に解読史料を掲載する。ただし第三章の解読史料は大部となるので、同章では史料の検討を行い、次に補章として解読史料を掲載する。本書の史料には番号が元来付されていないが、すでに述べたように、①から⑭とし、句読点を付けた。解読文中の（　）は筆者の校注である。

読者の御示教・御意見を心待ちにしている。

注

（1）石井良助編纂『近世法制史料叢書　第一冊』（創文社、一九五九年）。編纂者によれば、「御仕置裁許帳」は、江戸町奉行所所蔵の牢帳から後例ともなる事例を抜き出して分類したもので、町奉行の吏員の手になるものであると推測されている。

（2）橘「綱吉政権期の捨馬札」（『交通史研究』九四号）四八頁以下。

（3）生物史の立場から、溝口元・高山晴子「『生類憐みの令』の動物観（上、下）」（日本科学史学会生物史分科会編・刊、二〇一九、二〇年）は『徳川実記』（黒板勝美・国史大系編修会、吉川弘文館、一九八一年）を利用して、生類憐み令関係法令から馬や牛などに関する条文を生物別に区分して挙げている。前掲根崎光男『生類憐みの世界』から「人命よりも動物の保護を優先したとして、その歴史的評価はきわめて低い」との指摘に対して、「どのような動物がどのような理由からで登場し、どのような『憐み』を受けることになったか等を探」ろうとする（「上」一二頁）。また同じ科学史の立場から追及した板倉聖宣『生類憐みの令─道徳と政治─』に対して、法文中の「生類」には「人間」が含まれるとしたことに注目する（「上」一三頁）。

生類憐み令とは何ぞやという場合、法令自体の解釈は一つの重要な内容であるが、より大事なことは法令の現実、即ち事件に係わる取調べや裁判、そして法令に対する法意識に関する全体研究が生類憐み令の本質を明らかにすることとなると言えよう。

（4）前掲『近世法制史料叢書　第一冊』所収、編纂者によれば、「厳牆集」は「一は御仕置裁許帳と同じく牢帳より凡そ九十件を選び、之を……十一部に分類編纂したものであり、二も亦牢帳を主たる材料としたものであるが、一が原文をそのまゝ載せたのに對し、抄録を収めた點に於て、之と異な」るという。また「元禄御法式」（前掲書所収）は「御仕置裁許帳に見える判決を材料として、同書の順序に従ひ、當時の刑法を條文の形に編成したものであつて、上中下の三部に分れて居る。今回利用した元禄御法式は教令類纂初集二十五御定書之部所収のものである……」という。

（5）この元禄期における生類憐み令関係事件につき、本史料では主に道中奉行兼大目付と今一人の大目付の名による現地での取調べを「僉議」（詮議）と表現している。他方、享保期において評定所に係属された入会裁判では代官の下役である手代による現地での取調べを「見分」（検分）と表現している（後藤『歴史のなかの入会・入会権─評定所の享保期入会裁判、近畿地方の入会史―』第二章「評定所の享保期入会裁判」文理閣、二〇二二年、を参照)。なお「御仕置裁許帳」では評定所の取調べを穿鑿と述べている。ここには所謂刑事と民事との違いや、時代の違いがあるが、一応指摘しておきたい。

第一章　捨て馬の事件（一）
―常陸国の事例

第一節　新治郡下の詮議

「常陸国新治郡下林村主なし馬詮議仕候覚」について。以下は高木伊勢守と藤堂伊予守の評定所首座の老中方への取調べの報告並びに刑罰の伺書である。高木伊勢守とは大目付で道中奉行を兼務した高木守勝（守久の子、大目付在職：天和二＝一六八二〜元禄一二＝一六九九年死去）、藤堂伊予守とは大目付の藤堂良直（同じく、元禄元＝一六八八〜宝永三＝一七〇六年）。両者共に元来は旗本で、高木の前職は勘定奉行、藤堂は大坂町奉行であった。生類憐み令では、五街道など街道筋でのあらゆる事件処理は道中奉行(1)が担当することとされ、農村では捨て馬事件が多く、同時に大名領や大名領間の事件が多いと目されるので、大名などを監視する役職として、大目付(2)の一人が職務を担当することとなった。道中奉行を兼務する大目付が筆頭大目付となる。

元禄元年（一六八八）八月二四日に常陸国新治郡下林村戸野内原で持ち主不明の馬が見付かり、しかも体が不自由であった。下林村の百姓たちが養育したが、同月二七日に馬が死んだというものである。この馬をめぐる詮議のために、下林村は勿論、近村三里ほどの内、三六ヶ村に亘る百姓・馬医・馬喰を召し呼んで、高木・藤堂は詮議を行った。疑わしい者は牢舎を申し付け、拷問までも行ったが、馬主は知れなかった。詮議の過程で、この馬は松平伊勢守知行所の常陸国谷向村（やむかいカ）に放たれていた馬と判明した。その際には、馬が達者に見えたという。八月一二日に谷向村にいた馬を同村百姓共が一三日に見付け、同人知行所の大砂村村境へ同日夜に送り捨てて帰った。村の大小を一応把握しておくために村高を確認しておきたい。「元禄郷帳」（国立公文書館デジタル画像、元禄一三＝一七〇〇～同一五＝一七〇二年、以下略）によれば、新治郡下林村は一四九〇石九斗二合、同郡大砂新田村（平村枝郷）は二九石五斗八升一合であった（平村は四八三四石五斗四升八合）。下林村の南東約五㎞離れた同郡谷向村は村高が結ばれていなかった。

翌一四日にこの馬を大砂村の百姓が見付け、同日夜に、この馬を始めて見付けた谷向村へ送り返した。一六日夜に谷向村の百姓はこの馬を山口修理亮知行の山崎村（五九四石三斗一合）へ送り捨てた。山崎村の百姓は一七日にこの馬を見つけ、同日夜に松平伊勢守知行の府中野へ送り捨てた。この馬は一七日の夜から二二日まで各村の共同所持的入会地にいた[3]。村々よりこの馬を他へ追い込むことが出来ないので、番人を付けることとなった。二三日夜に山崎村の百姓四人はこの馬を戸野内原へまた送り捨てた。このように八月一二日より二三日まで数度この馬を送り歩き、一二、三日の内、飼料も遣らないので、馬は疲れ、二四日戸野内原で見かけた時には腰抜けの状態であった。この趣に付き、伊勢守知行谷向村・大砂村、修理亮知行山崎村の三ヶ村の名主・（五人）組頭に対して詮議を行った。上記の二人の領主は、松平伊勢守信定（大河内松平流・信綱四男、旗本寄合、新治郡で五〇〇〇石）と、山口修理亮重貞（三代目の牛久藩主、一万石）である。

第一　高木・藤堂の取調べの過程で、谷向村の組頭に牢舎を申し付け、度々拷問まで行ったが、谷向村から出た馬ではなかった。どこからか谷向村へ来たので、大砂村へ送り捨てると同村から捨て返しすることとなり、山崎村へ送り捨て、谷向村の馬場はし山より二度送り捨てたと組頭が述べた。また、この組頭へ捨て馬御制禁の生類憐みの触れなどを村々の高札に建てなかったのか、地頭よりの申渡しを如何様に扱ったのかどうかを訊ねると、この触れについては度々承り、高札も村々に建て、その趣旨も承知しており、手形証文も行い、地頭に差出している。馬を送り捨てさせたことは誤りであるとこの組頭は述べた。伊勢守知行の谷向村百姓一七人を詮議した処、百姓共は捨て馬の禁制が大切なことを知っていたが、組頭が指図をしたので、是非なく送り捨てたと述べた。また、せめて名主へ一応届けるべきであり、組頭一人の指図でこうした行為をしたのは不届きであると詮議した処、百姓の内にも心付き、名主へ一応断った上で捨てるべきだという意見があったが、組頭はそれを押し止め、時間も経過し請け合うので、早々捨てるようにと組頭が言ったことで、名主へ断りを入れないでおこうと百姓の中から言う者もあった。依って一七人の平百姓を先ず揚屋に差し置いた。

第二　高木・藤堂の取調べの下、伊勢守知行大砂村の組頭に牢舎を申し付け、度々拷問を行ったが、当村から出た馬ではないと、この組頭は述べた。さらに組頭へ馬の送り返しにつき、どのような意思で送り返したのか、捨て馬停止の生類憐みの触を知っていたのかと訊ねた。組頭は触のことも村々に高札を建てたこともよく知っているが、馬場はし山から捨てられたので、野心の心のみで触の意味を心掛けず無心で捨て返させたと述べた。捨て送りを行った大砂村の百姓一〇人を詮議すると、百姓共は大切なこととは知っていたが、組頭が申すに付、是非なく送り返したという。依って一〇人の平百姓を先ず揚屋へ差し置いた。大砂村の名主を詮議すると、名主が言うには大砂村から八月一四日夜に谷向村馬場はし山へ馬を送り返した時分に湯治へ行っており、ここには居合わせず、一九日に帰り、このことを知った。二〇日に組頭と同道で代官方へ参り、訴えたという。名主は事件当時不在であったが、詮議の時には有体に申さず、拷問の上で白状した。依って先ず揚屋に差し置いた。

第三　両名の取調べの下、伊勢守知行府中町の名主を詮議すると、名主が言うには谷向村から半里ほど隔たった府中町に断らずに住んでおり、谷向村の馬場はし山を支配しているが、馬追捨てのことは隔絶しているので知らず、支配の百姓共も申し聞かせなかった故、承らずという。かつ八月一八日に府中町で風聞として聞いたので、谷向村の組頭を同日に呼び寄せて穿鑿し、翌一九日に村中の者を詮議して、二〇日に代官へ申し達したという。名主が一八日に聞きながら、大事なことであるのに、早速代官へ申し達すべき処、二〇日に訴え、二日も日延べをしたことは不届きにつき、「所預」を申し付け置いた。府中町は当時は石盛がされておらず、後に府中藩の城下町となる。

第四　同じく、伊勢守代官二名に対し、この度の村々による捨て馬騒動を承らなかったのか訊ねると、この二名の代官が言うには、以前にこの捨て馬が送り歩きしていることは存ぜぬが、八月二〇日に大砂村組頭が年貢を持参した席で二人へ言うことに、この頃に修理亮知行山崎村に持ち主の知れぬ馬がいると申すにつき、遠見（見張り）を付け置いた。この馬は以前に谷向村馬場はし山にいたことを一、二人が見たという者もいたという由の風聞があったことだけを組頭がこの二人へ申したという。二人の代官へ、組頭が申したことを主人の伊勢守へ早速訴えなかったのかと訊ねると、代官たちが言うには、不確かなこと故、申し聞かせなかったという。さらに谷向村の馬場はし山へ以前に件の馬がいた由の風聞があった旨を組頭が述べた際に、いつ頃のことであるかと詮議したかと訊ねた処、代官たちが言うには、そのことにつき、詮議詰めすることとは承知せず、大切なことと篤と理解せず、誤り入ると申した。代官たちへ主なし馬を追い捨て送り返した訳は、八月二〇日に大砂村名主・組頭、及び谷向村名主・組頭が代官共へ申し達したので、只今はこの馬を他村へ遣わすならば、頭の上の灸を払うようなものの如く、代官共が儀礼的に対応した旨、その通りにやったと思料される。代官たちが言うには、このことをそのようには理解していない、勿論左様なる儀礼も行っていないという。結局、この名主・組頭と二名の代官と引き合わせて対決させた処、百姓四人が一同に口を揃えて、送り捨てた訳につき、八月二四日に確かに申し達した由を代官へ申し掛けたという。この対決の節、代官たちは誤ったような様子に見えた。このように段々不届きのことがあるので、二人の代官を主人伊勢守方へ先ず預け置いた。

第五　同じく、山口修理亮知行山崎村の名主に牢舎を申し付け、度々拷問を加えたが、当村より出た馬ではなかった。この名主が言うには、伊勢守知行府中野より追い込まれたので、八月一七日・二三日の二度送り返させたという。この名主へ、馬を度々送り返すことはどのような心入れで行ったのか、捨て馬制禁の生類憐みの触れを承知しているかどうか訊ねた処、この名主が言うには、この触れは度々承り、高札も村々に建ててある。尤もこの触につき、度々手形証文も地頭へ差出しているが、府中より捨てられたという野心ばかりで、触れのことは心付申さず、平百姓共へ申し触れ、例の馬を追い返すようにと定使（村の使い走り）に申し付け、八月一七日と二三日の二度、送り返させたという。この定使を詮議した処、定使が言うには、府中野より馬が追い込まれたので、追い返すようにと名主が同一七日と二三日に申し付けた故を以て、六人の百姓共へこのことを申し触れたという。名主が申付けたとしても、大切な生類憐み令をも承りながら、このような触れを出したことは不届きにつき、揚屋へ差し置いた。この馬を八月一七日に追い返した百姓二人と、二三日に追い捨てた百姓四人へどのような心入れを以て馬を追い捨てたのか、生類憐み令の捨て馬停止の触れを承知していたかを訊ねた処、百姓共が言うには、お触れも名主・組頭による触れも承知していたが、名主が申付けて定使が申渡した故、是非なく一七日は府中野へ、二三日は戸野内原へ送り捨てたという。依って、六人の平百姓を揚屋へ差し置いた。また名主へ府中野と戸野内原へ送り捨てたことを修理亮代官へ訴えたのか訊ねた処、山崎村名主が言うには、代官二人へ八月二七日に修理亮知行の新治郡柴間村名主と同郡宮ヶ崎村の市左衛門（名主と判明）の三人で府中野より山崎野へ馬を追い込まれたが故に、追い返した由を代官二人へ申し達した処、二名の代官は大切なことなので詮議がないとはいえないので、我らに訴えたということを隠密に致し、我らは承知しなかったことにしようと三人に申し含めたという。なお柴間村の村高は二〇二石三斗五升六合、宮ヶ崎村は二一五石八斗七升一合であった（「元禄郷帳」）。

第六　同じく、修理亮知行柴間村の名主に尋ねた処、一旦は申出なかったので、拷問を行った処、名主が言うには、代官二人へ馬送り返したことを山崎村名主が申し達した際に宮ヶ崎村の市左衛門とこの名主が一緒に居て承り、その時に代官二人が我らは承知しなかったことにすると三人へ申し聞かせたという。また柴間村名主が拷問を加えられる前に言ったことは、この度主なし馬の詮議に付き、当地へ召し呼ばれて修理亮の長屋に在る内に、八月一四、五日の時分、代官二人〈史料欠〉府中野と戸野内原の両所へ例の馬を追い捨てさせたことを承ったのか、代官二人へ尋ねた処、代官が申すには、馬を送り捨てた時には二人は山崎村にはおらず、八月二六日に修理亮知行瓦谷村（八五四石五斗一升、「元禄郷帳」）に参り、二七日に山崎村名主が二人へ聞かせたことは主なし馬が居ることを昨二六日に承ったので、領内へ追い込まれないために番人を付け置いたことをこの名主が二人へ断ったが故に、二人は目に立たない様に草臥れた躰にして、番人を付け置くようにとだけ申付けたという。遠見を付け置くほどであるのに、なぜ修理亮方へ注進しなかったと代官たちに訊ねると、代官二人が言うにはそのことに心付せず、注進しなかったことを誤り入るという。また二七日より以前に沙汰も承らなかったのかと、百姓共を詮議しなかったのかと代官へ訊ねた処、代官二名が言うには、その件も心付けせず、取り詰めて穿鑿もせず、不調法で誤り入るという。

第七　馬を送り捨てさせた山崎村名主並びに柴間村名主・宮ヶ崎村市右衛門（名主）と二名の代官を引き合わせて二度対決させせた処、代官は争った。しかし三人の名主が拷問又は拷問なしの申口は同じ内容であった。柴間村名主は、修理亮の長屋に我々百姓たちが居る内も、代官二人は新治郡浦須村の名主だという者と長屋まで参り、私どもまで申し聞かせたことにつき、例の馬につき詮議ある時には代官二名へ訴えたことを隠密にしてくれと代官二人が申し含めたと述べた。また柴間村名主に対して、如何様の心入れにて只今まで包まず申出たのかと尋ねた処、名主が言うには地頭・代官のためを思い、その上で代官がこのように申し含めたが故に、只今まで申出無かったけれ共、拷問が苦しかったので、有体に申したのだという。宮ヶ崎村名主に尋ねたのは、一旦争ったけれども、この名主が重ねて言うには、山崎村名主・柴間村名主が有体に申し出た上は、包み申すべき様が無くなったこと、代官二人と我ら三人いた所で山崎村名主が代官へ馬送り返しのことを申し達したけれども、代官が、送り返したことに付き、名主共がしたことであり、重ねて詮議がないともいえないので、代官たちが知らなかったことにしたいと代官二人が申した旨をやはり述べた。ちなみに浦須村の村高は二三〇石二斗三升である（「元禄郷帳」）。

第八　修理亮代官二名の者を詮議したこと。この代官二名へ訊ねると、山崎村庄屋・百姓共へ申し付け、山崎野から府中野並びに戸野内原へ参り、浦須村名主と一緒して、柴間村名主へ申し聞かせたこととは、代官二名が例の馬について以前には知らなかったことにし、隠すようにと上記の百姓共へ申し含めたことを柴間村名主が有体に申したことにつき、このことを承らなったとして、近所に捨て馬があることについては、代官が承知するならば、早速主人・修理亮へ訴えるべき処、そのことがなく、この様に不埒なることがあったならば承知しても捨て置いたが故に、名主共の口をも止めることは必定と申したのである。依ってこの代官二名を修理亮方へ先ず預け置いたのである。

第九　以上のことに依れば、平百姓共が送り捨てたことは名主・組頭共の指図によっていたからである。指図をして捨てさせた名主・組頭は捨て馬主と同様に考えられる。とりわけ捨て始めの村である伊勢守知行谷向村の組頭が指図して名主へも申さずに捨てさせたことは重科の者と考える。伊勢守・修理亮両人の代官（各二名づつ）が例の馬を送り捨てたことは名主・組頭共が申し達して承ったのであり、只今争いがあるが、百姓共の拷問あるいは対決の上での申口では、百姓共の方が確かなことと聞こえる。早速主人共へは訴えなかったことが第一の誤りであり、不届きの事逃れがたいと考える。またこのことにつき、近村三六ヶ村の名主・組頭、馬医、博労共を呼び寄せて吟味し、馬の売買証文などまで吟味して、申口が少しでも相違した者共には牢舎を申し付け置き、度々拷問をも行って訊ねたが、例の馬の持ち主は知れなかった。その上で、近村の府中平村という所に、一ヶ月に六度づつ商売の市が立つという場所を聞き、遠近に依らず諸商人が集まり商売を行っているというので、その荷付馬の内、不図取り放した馬をば、村々が早々と捨て馬として送ったので、馬主が捨て主にもなるべしと出て来ないのではないだろうかと考えている。まず谷向村の内、馬場はし山、大砂、山崎の所で送り捨てられた時分の馬は達者な体と詮議の上で相聞こえている。そうであれば、この馬を捨て申すべきとは考えられない。大砂村の名主が伊勢守の代官へ申したことは、なるべくならばこの馬を預かって札でもつけて相応に遣わしたいと申した処、代官は、最早他領へ送り捨てたことにすれば、左様なことは為す必要はないと述べたという。このことも代官は承らなかったと争っている。その他、谷向村の百姓共の内にも預かり申したいと内証にて申した由を詮議の時に申した者もいた。元々は放れ馬として存在したのではと考えている。この馬の件は、種々吟味を遂げたのであるが、当分相知れ申さず、然る上は近村の者共まで、証文を取り、永々吟味することを申渡すべき哉、（評定所首座の老中ヘカ）伺う次第である。以上について高木伊勢守と藤堂伊予守は元禄元年（一六八八）一〇月一六日付（「辰一〇月一六日」）で、裁判の内容について伺いを立てていたのである。

以上の経過を検討すると、新治郡の三名の領主の相給村である下林村に端を発した捨て馬事件は、旗本寄合・松平伊勢守や山口修理亮の牛久藩とに跨り、正に他領他支配関係の事件であった。最初に松平伊勢守から老中方へ申し出があったのかどうかは不詳であるが、いずれにしてもこうした他領他支配関係に亘る吟味・訴訟であるが故に、評定所首座の老中方から大目付兼道中奉行の高木伊勢守、及び大目付の藤堂伊予守へ吟味・裁判を命じたのであると考えられる。

解読史料①

元禄元年　記

大ミの（美濃）たて（立）帳

元禄元年　御代官

山川三左衛門

常陸国下林村　瀬川長門守　相給所　主なし馬僉議仕候覚

夏目長右衛門

高木伊勢守

藤堂伊予守

辰十月十六日

御代官

山川三左衛門

常陸国新治郡下林村　瀬川長門守　相給

夏目長左衛門

右下林村之内、戸野内原主なし馬僉儀仕候覚

一　戸野内原ニ而当八月廿四日朝、草苅百性（姓、以下略）共主なし馬見付申候。右馬見付候節ハ、腰ぬけとも足不（普）通ニ働不申、殊の外よわり申候得共、ものハ能給申候。右下林村之百性共立合、馬屋を作り養育仕置候内、同廿七日馬おち申候。

一　馬主為僉議、当村ハ不及申、近村三里程之内、村数三拾六ヶ村之百性幷馬医・馬喰（博労、以下略）数多召寄、段々吟味仕、疑敷者ハ牢舎申付、拷問迄仕候得共、一円馬主相知不申候。

一　僉議仕候而見申候得ハ、松平伊勢守知行所常陸国谷向村之内、馬場はし山ニ放れ居申候馬ニ而御座候。其節之馬主様子所之百姓共ニ相尋候得ハ、前爪ニうすく裏ハかへ申候得共、馬達者ニ而十里もあゆみ可申候。軽き荷物付ヶ候而も四、五里ハあゆみ可申候。右之主なし馬八月十二日ニ谷向村之内、馬場はし村ニ居申候を同村之百性共十三日ニ見付、同人知行大砂村野境江同日之夜送り捨罷帰候。扨翌十四日彼馬大砂村之百姓見付、同夜初メ居候馬場はし山江送リ帰し申候。同十六日之夜、谷向村之百姓また山崎野口山口修理亮知行江送り捨申候。山崎村之百姓十七日ニ主なし馬見付、同日之晩彼馬府中野松平伊勢守知行江送り捨申候。十七日之夜より廿二日迄、入相（会）之野ニ居申候内、右村々より主なし馬追込れさるため、番人差出し候。廿三日之夜山崎村之百姓彼馬戸野内原江百姓四人ニ而又送り捨申候。右之通八月十二日ゟ同廿三日迄、所々ニ而度々馬送りあるき、十二、三日之内、飼料も不在候故、馬つかれ、同廿四日戸野内原ニ而見出し候時分ハ腰ぬけ申候と奉存候。

右之趣ニ候故、伊勢守知行谷向村・大砂村、修理亮知行山崎村右三ヶ村之名主組頭遂僉議候覚

一　伊勢守知行谷向村之組頭茂左衛門籠舎申付置、度々拷問迄仕候得共、当村より出候馬ニ而ハ無御座候。何方より歟、谷向村之内、馬場はし山江参り居申候故、馬場はし山より伊勢守知行大砂村江送り捨候得ハ、大砂村ヨリ捨返し候ニ付、又修理亮知行山崎野江送り捨候よし、茂左衛門申候。馬場はし山ヨリ両

度送り捨申候。

　右組頭茂左衛門ニ相尋候得ハ、捨馬御制禁生類あわれミの御触亦ハ村々御高札を立不申候哉、地頭ゟ右之申渡シ如何様ニ仕候哉と相尋申候得ハ、

一　右之御触之義（儀、以下略）度々承、御高札も村々ニ建御座候趣承候。度々ニ手形證文をも仕り、地頭江差出し申候。送り捨させ候段ハ誤り入候由、茂左衛門申候。

　右送り捨候伊勢守知行谷向村之百姓十七人之者共致僉議候得ハ、

一　右百姓共申候ハ、大切成義迄ハ存候得共、組頭茂左衛門致指図候故、無是非送り捨候由、百姓共申候。左様ニ候ハ、責而名主江一往（応、以下略）可申届義を組頭茂左衛門一人之差図ニ而右之仕合不届候と僉議仕候へハ、

一　右百姓共之内ニ而も、心附名主江一往断候而之上ニ捨可申と申候得ハ、組頭茂左衛門押留メ、間も延候間、我等請合候条、早々送り捨て候様ニと、組頭茂左衛門申候ニ付、名主へ改不申候由、百姓共之内、申候ものも御座候ニ付、依之十七人之平百姓共先揚り屋ニ差置申候。

一　伊勢守知行大砂村組頭伝右衛門籠舎申付置、度々拷問仕候共、当村より出候馬ニ而ハ無御座由、組頭伝右衛門申候。

　右組頭伝右衛門ニ相尋候ハ、馬送り返し候義、如何様之心入ニ而送り返し候哉、捨馬御停止生類あわれみの御触承候哉と相尋候得ハ、

一　伝右衛門申候ハ、御触之儀度々承、御高札も村々建候由ニ而、渕（払）底存居申候得共、馬場ハし山より捨られ候故、野心に存計ニ而御触之儀心付不申、何心も無御座捨返させ候よし、伝右衛門申候。

　右送り返し候大砂村之百姓十人者共致僉議致（ママ）候得ハ、

一　右百姓共申候ハ、大切成儀とハ存候得共、組頭伝右衛門申付候故、無是非送り返し申候由、百姓共申候。依之十人之平百姓共、先揚り屋江差置申候。

伊勢守知行大砂村名主七左衛門致僉議承候へハ、

一　名主七左衛門申候ハ、大砂村より八月十四日夜谷向村之内、馬場はし山江馬送り返し候時分ハ、湯治仕、所ニ居合不申、其以後十九日ニ罷帰、右之段承、同廿日ニ同村組頭伝右衛門と同道ニ而代官方江参、訴候由、七左衛門申候。

名主七左衛門儀、馬送り返し候節ハ所ニ居合不申候故、右之段不存候得共、僉議之時分有躰ニ不申、拷問の上、白状仕候。依之先揚り屋ニ差置申候。

伊勢守知行府中町名主六左衛門僉議仕承候へハ、

一　名主六（七、以下略）左衛門申候ハ、谷向村より半里程隔り候府中町ニ不断住宅仕、右谷向村之内、馬場はし山を致支配候得とも、馬追捨候段、隔り候故、不存、支配之百姓共も不申聞候故不承、八月十八日府中町市ニ而風聞ニ承候故、則谷向村組頭茂左衛門同日呼寄、致穿鑿、翌十九日村中之者僉議仕、廿日ニ代官江申達候由、六左衛門申候。

名主六左衛門、右之通申候ニ付、十八日ニ承届候ハ大切成儀ニ候間、早速代官江申達辺（べ）く処、十八日ニ承、廿日ニ訴、両日延引之段、不届きニ付、所預ヶ申付置。

伊勢守代官
前原源太兵衛
由良忠右衛門

右両人ニ相尋候趣、此度之捨馬、村々騒動致し、度々送り捨候段、不承候哉、相尋候へハ、

一　右両人之代官申候ハ、前方送りあるき候段ハ不存候。八月廿日大砂村伝右衛門年貢金持参致し候席ニ私とも江申候ハ、頃日修理亮知行山崎野ニ主なし馬居申候ニ付、遠見を付ヶ置候。此馬ハ前方谷向村之内、はし山ニ居候を一両人見申候者も有之由、致風聞候と計、組頭伝右衛門私共江申候と両人之代官申候。

一　左候ハヽ、組頭伝右衛門咄之通、主人伊勢守江早速訴申候哉と相尋候へハ、

一　代官申候ハヽ、不憶成義故、不申聞候由申候。

一　谷向村之内、馬場はし山ニ前方馬居申候由、風聞有之旨、組頭伝右衛門申候節、いつ頃之儀に候と僉議仕候哉と相尋候へハ、

一　代官申候ハヽ、其段ハ僉議詰候而ハ承不申、大切成義をとくと不承届、誤り入り候由、両人之代官申候。

一　右代官共江相尋候ハ、無主馬追捨送り返し候訳、八月廿日ニ大砂村名主七左衛門組頭伝右衛門・谷向村名主六左衛門・組頭茂左衛門代官共江申達候得ハ、只今ハ右之馬他村江遣候得ハあたまの上の灸をゆひ、之かしらにすへられ候様成もの、由、其方共致挨拶候旨、其通りニ候也之事。

一　代官申候ハヽ、其段曽而承不申、勿論左様なる挨拶も不仕候由、両人之代官申候。

一　右之通ニ候故、右名主組頭共両人之代官江引合対決致させ候処、百姓四人一同に口を揃、送り捨候訳、八月廿日憶ニ申達候由、代官江申掛候。対決之節、代官誤り候様子ニ相見へ申候。

一　右之通、段々不届き有之候ニ付、両人之代官主人伊勢守方江先預ヶ置申候。

一　山口修理亮知行山崎村名主三郎右衛門籠舎申付置、度々拷問迄仕候得共、当村ゟ出候馬ニ而ハ無御座候。伊勢守知行府中野より追込れ候故、八月十七日同廿三日両度送返させ候よし、三郎右衛門申候。

右修理亮知行山崎村名主三郎右衛門相尋申候ハ、馬度々送り返し候段ハ、如何様之心入ニ而送り返

し候哉、捨馬御制禁生類あわれみの御触承候哉と相尋候へハ、

一 名主三郎右衛門申候ハ、御触之義度々承、御高札も村々立御座候。尤御触承候。度々手形證文も地頭江差出候得共、府中野より捨られ候野心計ニ而、御触之義も心付不申、平百姓共江申触、追返させ候様ニと、定使与右衛門ニ申付、八月十七日同廿三日両度送り返させ候由、三郎右衛門申候。

修理亮知行山崎村定使与右衛門僉議仕、承候へハ、

一 定使与右衛門申口ハ、府中野ゟ馬追込れ候間、追返候様ニと名主三郎右衛門八月十七日と同廿三日申付候故、六人之百姓共江、右之段申触候由、与右衛門申候。

名主三郎右衛門申付候迚も大切成義を御触をも承ならず、右之趣申触候段、不届きニ付、揚り屋江差置申候。

右之馬八月十七日に追い返し候百姓弐人、同廿三日ニ追捨候百姓四人之者共江相尋候ハ、如何様之心入ニ而馬追捨候哉、生類あわれミ捨馬御停止之御触ハ承候哉と、百姓とも江相尋候得ハ、

一 百姓共申候ハ、御触も名主・組頭申触承候へ共、名主三郎右衛門申付候由ニ而、定使与右衛門申渡し候故、無是非十七日府中野、廿三日戸野内原両所江送り捨候よし、百姓とも申候。依之六人之平百姓共揚屋江差置申候。

名主三郎右衛門ニ相尋候得ハ、府中野戸之内原両所江送り捨候由、修理亮代官江訴候哉と相尋候得ハ、

一 名主三郎右衛門申候ハ、修理亮知行代官飯田平右衛門・藤井清右衛門両人江八月廿七日ニ修理亮知行柴間むら（村）名主源兵衛・宮ケ崎村市左衛門・私三人ニ而申断候ハ、府中野より山崎野江馬追込れ候故、追返し候故、代官両人江申達候得ハ、代官申候ハ大切成義重而僉議有間敷ものにても無之候間、右

之段、我等共江訴候と申事、致隠密、我等不承分ニ致し候様ニと代官両人申含候よし、三郎右衛門申候。

右之通候故、柴間村名主源兵衛ニ相尋候得共、一旦ハ不申出候故、拷問仕り承り候へハ、
一　源兵衛拷問之上、申候ハ、代官両人江馬送り返し候段、三郎右衛門申達候節、宮ヶ崎村市左衛門と私一所ニ罷在承候。其時代官両人申候ハ、我等不承分ニ可致よし、代官申聞候と源兵衛申候。
右源兵衛拷問なしニ申候ハ、
一　今度主なし馬御詮議ニ付、当地江被召寄、地頭修理亮長屋ニ罷在候内、八月十四、五日之時分両人之代官（脱落）
（脱落）原両所え右之馬追捨させ候分ヶ承り候哉と代官とも江相尋候得ハ、
一　代官申候ハ、馬送り捨候節ハ、私共山崎村ニ不罷在、八月廿六日修理亮知行瓦谷村江参、廿七日ニ名主三郎右衛門私共江申聞候ハ、主なし馬有之候由、昨廿六日承候ニ付、領内江追込れ不申ため、番人附置候よし、三右衛門断候故、私共申候ハ目ニ不立様ニ草臥之躰ニ仕、番付置候様ニと計申付候と代官申候。
遠見を付候程ニ而修理亮方江何とそ注進不仕候哉と相尋候得ハ、
一　代官両人申候ハ、其段ハ心付不申、注進不仕、誤り入候由申候。
廿七日ゟ已前ハ沙汰も不承候哉と、百姓共江其段僉議致し候哉と相尋候得ハ、
一　其趣も心付不申、取詰候而穿鑿をも不仕不調法、誤り入候由、代官両人申候。
右之通ニ候故、馬送り捨させ候三郎右衛門幷柴間村源兵衛・宮ヶ崎村市左衛門と両人之代官引合、両度対決為致候処、代官申争候。然共三人之名主拷問又ハ拷問なし之申口、同事ニ御座候。主人修理亮長屋ニ百姓罷在候内も、代官共長屋迄参り、浦須村庄左衛門と申名主と私共江申聞候ハ、右之馬御

詮議有之節、我等江訴候と申儀、隠密ニ候様ニと代官両人申含候よし、源兵衛申候。源兵衛ニ相尋候得ハ、如何様之心入ニ而只今迄包、不申出候哉と相尋候得ハ、

一　源兵衛申候ハ、地頭・代官ためを存、其上代官右之通申含候故、只今迄包、不申出候得共、拷問せつなく候ゆへ、有躰を申候と源兵衛申候。

宮ヶ崎村市左衛門ニ相尋候得ハ、

一　市右衛門重而申候ハ、山崎村三郎右衛門・柴間村源兵衛有躰ニ申出候上ハ、包可申様無御座候。右両人と私三人同所ニ而三郎右衛門代官江馬送り返候義申達候得ハ、代官申候ハ送り返候段、其方共仕合ニ而重而僉議有間敷ものにても無之候間、我等不承分ニ致し候様ニと、代官両人申候旨、市左衛門も申候。

修理亮代官　飯田平右衛門
　　　　　　藤井清右衛門

右両人之者僉議仕候覚

右修理亮代官江相尋候得ハ、山崎村名主三郎右衛門百姓共江申付、山崎野ゟ府中野并戸之（野）原内（内原）参、浦須村庄左衛門と柴間村源兵衛ニ申聞せ候ハ、我等共彼馬之義、前方不承分ニ仕、かくし候様ニと両人之代官右百姓共江申含候よし、源兵衛有躰申候段、右之条不承候とても、近所ニ捨馬有之段ハ代官承候ハヽ、早速主人修理亮江訴可申所、無其義候。ヶ様ニ不埒成義とも御座候得ハ、承候ニ而も捨置候故、名主共口をも留申候と必定相聞江申候。依之両人之代官修理亮方江先預ヶ置申候。

一　右之趣ニ御座候得ハ、平百性共送り捨候儀ハ、名主・組頭共差図、送り捨させ申候。然ハ致指図、捨

てさせ申候名主・組頭ハ捨馬主同前ニ奉存候。就中捨初候村伊勢守知行谷向村之組頭・茂左衛門指図仕、名主江も不申、捨させ申候段、重科之者と奉存候。伊勢守・修理亮両人之代官馬送り捨候段、名主・組頭共申達承、只今争候得共、百姓共拷問、或ハ対決之上、申口百姓共之方慥ニ相聞申候。然ハ早速主人共江訴不申候段、第一之誤り、不届難遁奉存候。

一　右段々近村三拾六ヶ村之名主・組頭共其外馬送馬喰共をも召寄、吟味仕、馬之売買仕候度々之證文等迄吟味仕、少ニ而も申口相違ニ相聞候者共ハ籠舎申付置、度々拷問も仕り相尋候得共、本馬主相知れ不申候。然ル上ハ近村府中平村ト申所ニ一ヶ月ニ六度宛諸色之市立候場所御座候。依之遠近ニよらす諸商人相集、致商売候間、其荷付馬之内、不斗取放し候をはや村々ニ而捨馬とて送り候ゆへ、捨主にも可罷成カと馬主出不申候哉と奉存候。第一谷向村之内馬場はし山・大砂・山崎、此所ニ而送り捨候時分之馬達者成躰、僉議之上、相聞申候。然ハ捨可申とハ不被存候。大砂村名主七左衛門伊勢守代官江申候ハ、可成事ニ候ハヽ、右之馬預り候而札ニ而も付、相応ニ遣申度由申候へハ、代官申候ハ、最早地頭江送り捨て候事ニ候得ハ、左様成事ハ不成旨、代官申候よし。七左衛門申候ハ、此段も代官ハ不承候由争申候。其外谷向村之百姓共之内ニも預り申度内證ニ而ハ申候由、僉議之時分被申候。旁承候程、元ハ放れ馬ニ而可有御座哉と奉存候。本馬主之義色々遂吟味候得共、当分相知れ不申候。然ル上ハ近村之者共迄ニ證文致させ永々致吟味候様ニ可申渡候哉、奉伺候。以上。

辰　十月十六日

高木伊勢守
藤堂伊予守

第二節　当座の処分

これは、松平伊勢守と山口修理亮の「代官百姓人別書」とあるように、捨て馬に係った、両領主の代官と、伊勢守知行新治郡谷向村百姓、伊勢守知行所同郡大砂村・府中町百姓、及び修理亮知行所同郡山崎村百姓に関する史料である。第一節で扱った事件に関する人別毎の事実認定書であり、やはり高木伊勢守と藤堂伊予守による詮議書である。但し以下では重複があることを断っておきたい。

元禄元年八月一三日の晩に伊勢守知行所新治郡谷向村の組頭・茂左衛門は谷向村の馬場はし山から伊勢守知行所同郡大砂村へ馬を追捨て、翌一四日に大砂村から捨返されたことにつき、また修理亮知行所同郡山崎村へ追捨てた。茂左衛門が自分指図で名主へも知らせずに捨始めたことは重科に値するとして籠舎を申付け置いた。伊勢守知行所谷向村平百姓一七人は茂左衛門の指図に従い、大砂村境と山崎野の両所へ馬を捨てた。依って、この一〇人を先ず揚屋に差置いた。伊勢守知行所大砂村の組頭・伝右衛門は平百姓共へ申付けて、八月一四日の晩に馬場はし山へ馬を捨返させた。これにより籠舎を申付け置いた。同大砂村の平百姓一〇人は、この伝右衛門の申付けにより、大砂村から馬場はし山へ馬を捨返した。依って先ず揚屋に差置いた。同大砂村の名主・七左衛門は大砂村から馬場はし山へ馬を捨返した節、その場所には居合わせなかったが、詮議の際に有体に申すべきことを包み隠し、拷問の上で白状した。依って先ず揚屋に差置いた。伊勢守知行所同郡府中町の名主・六左衛門は普段から罷りおり、半里（約二㎞）離れた馬場はし山を支配しており、この馬を捨置いたことは知らず、六左衛門から八月一八日に風聞を承って、一九日に村中で吟味を行い、一九日に代官へ訴えた。二日注進が延引したことによって、六左衛門に「所預」の処置を申付け置いた。伊勢守代官の前原源太兵衛と由良忠右衛門につき、この両代官へ馬を追捨てたことを四人の名主・組頭たちが申達したが、この両代官は承っていないと争った。双方対決させた処、百姓共の申口が確かであると受取られた。依ってこの代官二人を伊勢守方へ預け置いた。

他方、修理亮知行所同郡山崎村の名主・三郎右衛門は、平百姓共へこの馬を追返すようにとの触を出すことを定使・与右衛門に申付け、府中野並びに戸野内原の両所へ両度馬を追返させた。依って籠舎を申付け置いた。この与右衛門は名主・三郎右衛門の申付けに従い、この馬を追返すようにと平百姓共へ申触れた。依って与右衛門を揚屋に差置き申した。山崎村平百姓の二人は、名主・三郎右衛門の申付けによって与右衛門が申触れたので、この馬を八月一七日に府中野へ追返した。このことに依って、この平百姓二人を揚屋へ差置き申した。また山崎村の平百姓四人は、名主・三郎右衛門の申付けによって与右衛門が申触れたので、八月二三日に戸野内原へこの馬を追い返した。依って、この四人を揚屋に差置き申した。

修理亮代官の飯田平右衛門と藤井清右衛門は、八月二七日に三人の名主がこの代官二人へこの馬を追捨てたことを申断ったが、この二名の代官が言うには自分たちはこのことを承らなかったことにするようにと、名主たちに申含めた。当地の修理亮長屋に同郡浦須村の庄左衛門と同郡柴間村の源兵衛が罷在る内もこの二人の代官が長屋に来て、やはりこのことは聞かなかったことにして隠密にするようにと百姓共へ申含めた。二人の代官はこうしたことを申したことがないと争ったけれども、双方対決の結果、百姓共の申口が確実と受け取られた。依ってこの二名の代官を修理亮方へ預け置いた。

解読史料⑤
松平伊勢守

代官百姓人別書

山口修理亮

松平伊勢守知行所常陸国新治郡
谷向村組頭
茂左衛門

此茂左衛門平百姓共江申付、八月十三日之晩、谷向村之内、馬場はし山より大砂村江馬追捨、翌十四日大砂村より捨て返され候ニ付、又山崎野江追捨申候。此者差図ニ而、名主江も不申聞、捨初候得ハ、重科之者と奉存候。依之籠舎申付置候。

伊勢守知行所谷向村平百姓
十七人

此者共十七人江右組頭茂左衛門差図致し、大砂村境幷山崎野両所江馬捨申候。依之先揚り屋ニ指置申候。

伊勢守知行所大砂村組頭
伝右衛門

此伝右衛門、平百姓共江申付、八月十四日之晩、馬場はし山江馬捨返させ候付、籠舎申付置候。

伊勢守知行所大砂村平百姓
拾　人

此平百姓共江右組頭・伝右衛門申付、大砂村より馬場はし山江馬捨返シ申候。依之先揚り屋ニ差置申候。

伊勢守知行所大砂村名主

七左衛門

此七左衛門儀、大砂村より馬場はし山江馬捨返し候節ハ、所ニ居合不申候得共、僉議之時分、有躰ニ可申事を包、拷問之上、白状仕候。依之先揚り屋ニ差置申候。

伊勢守知行所府中町名主

六左衛門

此六左衛門儀、府中町ニ不断罷在、半里程隔り候馬場はし山を支配仕候。右之馬追捨候段ハ不存、此六左衛門方より八月十八日ニ風聞承り、十九日ニ村中致吟味、同廿日ニ代官江訴候。二日注進延引ニ付、所預ヶ申附置候。

伊勢守代官

前原源太兵衛

由良忠右衛門

此代官両人江馬追捨候段、四人之名主組頭共申達候へ共、此もの両人不承由争候。双方対決仕被遣候処、百姓共申口慥ニ相聞候。依之此両人之代官主人伊勢守方江預ヶ置申候。

山口修理亮知行所常陸国新治郡

山崎村名主

三郎右衛門

此三郎右衛門、平百姓共江馬追返シ候様ニ申触候得と定使与右衛門ニ申付、府中野并戸野内原両所江両度馬追返させ候ニ付、籠舎申付置候。

修理亮知行所山崎村定使

与右衛門

此与右衛門儀、名主三郎右衛門申付候由ニ而、馬追返シ候様ニと、平百姓共江申触候付而、揚り屋江差置申候。

修理亮知行所山崎村平百姓

弐　人

此平百姓共、名主三郎右衛門申付候由ニ而、定使与右衛門申触候ニ付、八月十七日府中野江馬追返シ候ニ付、揚り屋ニ差置申候。

修理亮知行所山崎村平百姓

四　人

此平百姓共、名主三郎右衛門申付候由ニ而、定使与右衛門申触候ニ付、八月廿三日戸野内原江馬追返シ候ニ付、揚り屋ニ差置申候。

修理亮代官

飯田平右衛門

藤井清右衛門

此代官両人江馬追捨候段、八月廿七日ニ三人之名主共申断候へハ、此者両人申候ハ、我等共右之段不承分ニ致候様ニと、名主共江申含候。当地修理亮長屋ニ浦須村庄左衛門と柴間村源兵衛両人罷在候内も、此代官両人長屋江参り、右之馬之義、我等共ハ前方不聞分ニ隠密仕候様ニと、百姓共江申含候。右之段不申由、此代官争候へ共、双方対決之上、百姓共申口慥ニ相聞江候。依之主人修理亮方江先預ヶ置候。以上。

辰十月十六日

高木伊勢守
藤堂伊予守

第三節　その後の処置

この史料は、既に述べたように、①の史料「常陸国新治郡主なし馬僉儀（議）仕候覚」、及び⑤「代官百姓人別帳」に関係する内容である。この全体の書付には名前が載せられていないが、高木伊勢守（大目付兼道中奉行）と藤堂伊予守（大目付）による幕閣への報告書であると考えられる。内容は、被告人たちの容疑が確定し、主に揚屋（留置所）に入れ置くという処置である。その大部分は⑤の史料にほとんど重複するので、その解説は割愛する。但し、最後の二つの文章は高木・藤堂によるこの事件に対する重要な意見であり、またこの捨て馬に対する今後の対策を命じた新しい内容である。従って、以下ではこの辺りを中心に検討を加え、事実認定書に当たるところは割愛するが、松平伊勢守知行大砂村の平百姓一〇人につき、「付札」の囲み注記がある。即ち、この一〇人の内、二人は重く患っているので、一〇月一八日に地頭・伊勢守方へ相渡して養生させたとある。

史料の冒頭に現れた大久保玄蕃頭とは曽て駿府城代を勤めた大番頭・大久保玄蕃頭の流れを汲む者であろうか。ここに登場する府中町は石岡を意味し、新治郡の中心地で大きな町であった。この府中町は勿論のこと、下林村、谷向村、大砂村、山崎村の諸村は現石岡市に属している。すでに紹介したように、松平伊勢守とは旗本寄合で新治郡の内五〇〇〇石の領主松平信定（信綱四男）のこと、山口修理亮とは牛久藩主（一万石）山口重貞のことである。

以下、高木伊勢守・藤堂伊予守の重要な意見と今後の新しい部分を解説しておきたい。平百姓共は名主・組頭の指図によってこの馬を送り捨てたのである。然る上は指図を行った名主や組頭は捨て馬を行ったのも同然である。殊に馬を捨て始めた谷向村組頭・茂左衛門は名主へも申し聞かせず、捨てさせたことは重科の者である。次に伊勢守・修理亮両人の代官共（前原源太兵衛・由良忠右衛門、飯田平右衛門・藤井清右衛門）は名主・組頭共が申し達して承りながら争ったが、百姓共を拷問しあるいは対決の上で、百姓共の申口が確かに相聞えた。この代官共が早速に主人へ訴え申さざることは第一の誤りであり、不届きのことである。最後に、この馬主のことにつき、種々詮議をしたが、当分相分からずの状態であった。この上は、近村の者共に證文を出させて、長く馬主を相訊ねるように申し渡すべきである。

本史料には重複部分は多かったが、以前の史料に対して比較的大事な補遺を行っている。即ち、この事件に対する高木・藤堂の重要な意見、及び伊勢守知行大砂村の平百姓に重病患者二名が出たことを勘案すると、不詳である元々の筆者の歴史に対する並々ならぬ史眼を想うのである。

さて、この捨て馬事件では生類憐み令に対する具体的な強い規範意識を窺うことは出来ない。それにしても平百姓たちの名主・組頭の命令・申付けに対する順守義務、一転して罪や責任を免れようとする代官武士たちの保身の意識が目立った事例であった。捨て馬事件は比較的に多いが、なぜ村で養育せず、出来かねる場合は何故領主方へ相談しなかったのであろうか。

解読史料⑭

大久保玄蕃頭領

松平伊勢守知行谷向村馬場はし山と申所ニ主なし馬御座候を所々江送り捨候処ニ下林村之内、戸野

内原と申所ニ而見出し訴候ニ付、僉議之覚

右之馬下林村之百姓共厩を作り養育仕候内ニ、八月廿七日馬おち申候。但右之馬送りあるき候内、一二、三日之間、飼料も不仕候故、つかれ申候由。

松平伊勢守知行常陸国谷向村
組頭　茂左衛門

此者平百姓共江申付、八月一三日之晩、谷向村之内、馬場ハし山ゟ大砂村江馬捨候。候（ママ）翌十四日大砂村ゟ捨返され候ニ付、又山崎野江追捨申候。茂左衛門差図致、名主江も不申聞、捨初候得ハ重科之者ニ而御座候。依之先籠舎。

同村
平百姓十七人

右平百姓共ハ茂左衛門差図ニ而大砂村野境幷山崎野両所江馬追捨候ニ付、先揚屋江入置候。

同人知行大砂村
組頭　伝右衛門

此者平百姓共ニ申付、八月十四日之晩、馬場はし山江馬捨返させ候ニ付、先籠舎。

付札
此内両人重く相煩候ニ付、十月十八日、地頭伊勢守方江相渡し養生為致候。

同村
平百姓十人

右平百姓共伝右衛門申付候故、大砂村より馬場はし山江馬捨返候ニ付、先揚り屋江入置候。

同村
名主　七左衛門

此者之儀、大砂村より馬場はし山江馬捨返候節、所ニ居合不申候得共、僉議之時分有躰ニ可申事を隠候而、拷問之上、白状仕候故、先上（揚）り屋江入置。

同人知行府中町
名主　六左衛門

此者之儀、府中町ニ不断罷在、半里程隔り候馬場はし山を支配仕候故、右之馬捨追候段ハ不存、八月十八日ニ風聞承り、十九日ニ村中致吟味、同廿日代官江訴候。二日程注進延引ニ付、先所江預ケ置。

同人代官
前原源太兵衛
由良忠右衛門

右両人江馬追捨候段、四人之名主・組頭共申達候得共、両人不承由争申候。双方慥ニ相聞候。右代官両人共不届ニ相聞候故、主人伊勢守方江預ヶ置候。

山口修理亮知行同国山崎村
名主　三郎右衛門

此者平百姓共江馬追捨返し候様ニ申触候由、定使与右衛門ニ申付、府中野幷戸野内原両所へ両度馬追返させ候ニ付、先籠舎。

同村
定使　与右衛門

此者名主三郎右衛門申付候由ニ而、馬追返候様ニと、平百姓共江申触候ニ付、先揚り屋江入置候。

山崎村

右平百姓共、名主三郎左（右、以下略）衛門申付候由ニ而、定使与右衛門申触候ニ付、八月十七日府中野江馬追返候ニ付、先揚屋江入置候。

平百姓弐人

同村

平百姓四人

右平百姓共、名主三郎左衛門申付候由ニ而、定使与右衛門申触候ニ付、八月廿三日戸野内原江馬追捨候ニ付、先揚り屋江入置候。

同人代官

飯田平左衛門

藤井清右衛門

右代官両人江馬追捨候段、八月廿七日ニ三人之名主共申断候得共、両人申候ハ我等共承り不申分ニ致候様ニと名主共江申含候。当修理亮長屋ニ百姓弐人罷在候内も、右代官長屋江参り、右之馬之儀、我等共前方不聞分ニ隠密仕候様ニと、百姓共江申含候。右之段不申候由、代官共諍申候得共、双方対決之上、百姓共申口慥ニ相聞候。右代官両人共不届相聞候故、主人修理亮方江先預ヶ置候。

一　右之通ニ而御座候得共、平百姓共ハ名主・組頭差図ニ而送り捨候。然上ハ致差図候名主・組頭ハ捨馬仕候も同前ニ御座候。殊ニ捨初候谷向村之組頭茂左衛門儀名主江も不申聞捨させ候段、重科之者ニ而御座候。次ニ伊勢守・修理亮両人之代官共ハ名主・組頭共申達候而承なから諍申候得共、百姓共拷問或ハ対決之上、百姓共申口慥ニ相聞候。早速主人江訴不申段、第一之誤、不届ニ而御座候。

一　本馬主之儀、色々致僉議候得共、当分相知れ不申候。此上ハ近村之者共ニ證文致させ永く馬主相尋候様ニ可申渡候。

第四節　小括

捨て馬事件の場合、諸領主間の争いに亘ることが通例であり、このような場合には大名を統制する権限のある道中奉行を兼務する大目付と、一般の大目付とが取調べに当たることが最適であったことは容易に理解できることである。取調べにおける特徴的なことを述べてみたい。

第一に、広範囲の村々に亘って吟味が行われたことである。持ち主不明の徘徊する馬が見付かったが、それまでも移動していたのであった。見付かった場所は共同所持的入会地であったので、驚くべきことに、近村三里ほどの内、三六か村に亘る百姓・馬医（伯楽とも）・博労を召し呼んで吟味が行われていたことである。

第二に、嫌疑が掛り、拷問にあった組頭は捨て馬を二度行ったことを述べたが、生類憐み令に対して訊ねられて、この触れについて良く承り、趣旨も承知しており、馬を送り捨てさせたことを誤りとして認めたが、送り捨てを百姓たちへ指図した際には遵守するという法意識はなかったのである。同じく組頭から指図を受けて送り捨てを行った一七名の百姓たちには、名主へ断りを入れるべしとの意見もあったが、組頭の早々捨てるべしという意見に従ったという。多くの百姓たちのこの触れに対する法意識もこの組頭のそれとほとんど同一であったのである。

この組頭から徘徊馬の風聞があったことを聞いた二人の代官に対して、なぜ藩主に訴えなかったのかと訊ねられて、不確かな事ゆえ、申し聞かせなかったと述べているが、代官たちのこの触れに対する法意識は組頭やこれらの百姓たちの法意識とほとんど違いはないものと考えられる。なお、捨て馬を命じた行為は、捨て馬を行った行為と同様に重科の罪であると断定されていた。

第三に、嫌疑の掛った百姓・組頭・名主には拷問がなされたが、所謂犯人を割り出すためにも同様に拷問が行われた。武士身分には拷問がなされなかった。なお、百姓たちと代官たちの言い分に齟齬がある場合には、双方を対決させており、この場合には百姓たちの言い分が正しいものと受けとられていた。

第四に、捨て馬に係わったことを認め、認められた者たちはひとまず揚り屋に収容され、捨て馬を命じた組頭は牢舎を命じられたが、一等罪の重いものとの処置であろう。他方、生類憐み令を正しく遵守しなかったと見做された上記の代官たちの場合には、下獄するのではなく、身柄を藩主に預けられるのである。

注

（1）道中奉行は後に二人制になるが、大目付と勘定奉行から一名ずつ兼務することが知られている。

（2）大目付は旗本の中から選ばれ、老中の下で大名・高家や朝廷を監視し、旗本の役職としては高位の位置にあること、綱吉の時代には三名から四名であった。

（3）近世の入会権の概念については、後藤正人『歴史のなかの入会・入会権―評定所の享保期入会裁判、近畿地方の入会史―』（文理閣、二〇二二年）の第二章「評定所の享保期入会裁判」を参照。

第二章　捨て馬の事件（二）
―信濃、下野、上総、甲斐などの事例

第一節　信濃国高井郡下の詮議と、刑罰の伺い

（一）元禄元年信濃国板倉甲斐守知行所松川村の捨て馬

本文書群は、大目付兼道中奉行・高木伊勢守守勝と大目付・藤堂伊予守良直の連名による老中への報告並びに刑罰の伺書と、確定した事実認定書である。

元禄元年（一六八八）八月一四日に板倉甲斐守領の松川村芝野に捨て馬があり、早速近くの厩に入れておいたが、同月一七日にこの馬が死んだ。板倉甲斐守とは板倉重寛のことで、信濃坂城藩（三万石、埴科郡）の二代藩主である（後に福島藩に転封）。この捨て馬主を詮議した処、松平遠江守領の上赤塩村の馬喰・吉右衛門が白状した処によれば、金にもならない馬なので、同月一三日の暮れ頃に松川村と遠江守領吉田村の境にある道端の木に繋いで捨て置き、それより遠江守領の道光寺新田の九之丞宅に泊まったという。この松平遠江守とは松平（桜井）忠倶のことで、信濃飯山藩（四万石、水内郡）の初代藩主である。各村高は「元禄郷帳」によれば、高井郡松川村が二〇五石一升、同郡吉田村が六一八石一斗七升八合、水内郡上赤塩村は見えず、赤塩村（現上水内郡飯綱町）は五〇〇石五斗四升と出ている。因みに当時の道光寺は村に結ばれておら

ず、水内郡上今井村の新田であり、現中野市上今井道光寺と勘案できる。

道光寺新田の九之丞も吉右衛門同類ではないかと度々吟味を遂げ、拷問まで行ったが、同類ではなかった。同月一三日の晩に吉右衛門は泊まらなかったと九之丞は強く主張したが、同人母の申口によって泊ったことが判明したので、九之丞は不届きにつき、籠舎に差し置いた。

遠江守領の吉田村名主の権右衛門が同月一三日の暮れ頃にこの捨て馬を解き放ったが、甲斐守領の松川村でこの馬が倒れたという風聞があったので、権右衛門を度々穿鑿している内に、段々疑わしいことが出てきた。従って権右衛門に籠舎を申し付け、拷問し詮議する内に、籠内で重く患ったので、遠江守方へ預けて養生させたけれども叶わず、病死した。権右衛門は最後まで白状しなかったが、段々偽りがあり、疑わしく思われ、結局馬を解き放したものと思料される。以上は元禄元年二月一四日付の高木・藤堂連名の文書である。

次の長文「信濃国板倉甲斐守知行所松川村ニ而之捨馬僉議仕候覚」は、同じく元禄元年一二月二四日付の高木・藤堂連名による事実認定書であって、上記文書の詳細な裏付けである。以下七項に亘るので、便宜的に番号を付しておきたい。

第一　同年八月一四日の昼に甲斐守領の松川村芝野に馬が見られたが、この馬は右目が潰れ、腰が抜けて倒れていた。早速に甲斐守代官へ訴え、近在の百姓の厩へ入れ養育していたが、同月一七日この馬が死んだ。

第二　遠江守領吉田村と甲斐守領松川村とは隣郷で入組である。遠江守領の馬喰共の内、この捨て馬がかつて売買された際に仲介した者が居った風聞があると、甲斐守領の馬喰が申すにつき、遠江守と甲斐守領の百姓と馬喰共を召し呼び、詮議した処、遠江守領の坂井村左太夫が言うには、この馬は八月一一日に甲斐守領安源寺村の馬市で遠江守領柏原村の徳左衛門へ同遠江守領上赤塩村の馬喰・吉右衛門と幕領新田の助右衛門の両人が仲介してこの馬を売ったと、左太夫が申した。次いで、この馬を徳左衛門方に一晩置き、翌一二日にはこの馬が役に立たないとして、徳左衛門方より吉右衛門・助右衛門の両人方へ返した。その後、遠江守領道光寺新田の九之丞も吉右衛門・助右衛門と立会って、三人でこの馬を遠江守領道光寺新田の四郎兵衛方へ遣わして馬糞を取らせたが、四郎兵衛もこの馬が役に立たないとして、安源寺村の辻に繋いでおいた。しかし、この馬は市中を徘徊し、暮頃から行方不明となり、探してみたが、見付からなかった。処が、その夜に元の馬主・坂井村左太夫の家の前へこの馬がやって来たことを翌一三日朝に見付けたので、甲斐守領岩船原まで左太夫が牽き参り、吉右衛門と助右衛門を訪ねて見つからなかったが、吉右衛門を又訪ねて会うことができたので、この馬を渡したと左太夫が申した。「元禄郷帳」によれば、村高は高井郡坂井村が六五七石一斗一升、同安源寺村が二二七石九斗五升六合、水内郡柏原村が一三七八石二斗九升である。

・このような訳で、馬喰・吉右衛門を度々召出して詮議し、拷問を行って承ったのは、

第三　吉右衛門が申すには、左太夫方から八月一三日の朝にこの馬を受け取ったが、助右衛門にはこのことを聞かせなかった。吉右衛門は、この馬を少々酒手にと売りたい考えで、市中を走り廻ったが、役に立たない馬なので買い手がなく、日も暮れかかり、市も引き払ったが故に、松川村と吉田村との境の道端の木に馬を繋いで捨て置いた。それから九之丞宅に泊まった旨を吉右衛門は白状した。

・吉右衛門へ尋問するに、どのような考えで馬を捨てたのか、御禁制の生類憐みの触を承知していたのか、また村々の高札は建てなかったのかと尋ねると、

第四　馬喰・吉右衛門が申すには、生類憐みの触れは度々地頭より示され承っており、殊に高札も立てられて見たのであるが、この馬を捨てた際にはこの触れも心にはなく、何の考えもなく、銭金にもならない馬なので、捨てたと述べた。これによって、まず吉右衛門を籠舎に差し置いた。

・道光寺新田の九之丞へ対して、件の馬を売買の節に仲介をし、吉右衛門方に泊まったからには吉右衛門と同類ではないかと度々詮議し、拷問まで行い、承ったのは、

第五　九之丞が申すには、八月一二日にこの馬に吉右衛門・助右衛門が立ち会い、馬を売るべきだと考えたが、役に立たない馬故、買い手がないので、その後は立会わなかった。尤も私方に吉右衛門が泊ったことは全くないと、九之丞は申した。

・このように申すので、九之丞の母を尋ねに遣わした処、八月一三日の晩に吉右衛門が私方に泊まった旨の口書を差出した。依って九之丞に母の口書を読み聞かせて尋問すると、

第六　九之丞が申すには、母がこうした口書を差出した以上は隠し事はできず、八月一三日の晩に吉右衛門が私方に泊まったことについて明白に認めた。

・九之丞に対して数回の拷問を行って、吉右衛門と同類ではなかったと訊ねたが、吉右衛門が捨て馬を行い、その晩に九之丞方へ泊まったことを最初には申出ず、母の申口によって知ることとなったのを不届に存じ、先ず籠舎に差し置いた。

第七　甲斐守領信濃国中野村の甚右衛門が申すには、遠江守領の吉田村名主・権右衛門が八月一三日に当地の馬市を閉じて出掛けた節に、羽織を着た男がいた。この男が捨て馬を吉田村の原に繋ぎ置き、この者の姿が消えたので、権右衛門は縄を解き、馬を放したが、甲斐守領松川村の地に馬が倒れているという風聞を耳にした旨を甚右衛門は申した。依って権右衛門を召寄せて詮議した処、馬を解き放ったことはないと申したが、穿鑿の内に偽りがあり、段々疑わしいことが多々存在した。依って籠舎を申し付け、拷問を行い、度々詮議する内に籠内で患ったので、地頭の遠江守方へ預けて養生させたが、相叶わず病死した。権右衛門は最後まで白状をしなかったが、段々偽りがあり、疑わしく考えられ、結局馬を解き放ったものと思料され

た。最前仰せ出された通り、当吉右衛門を在所にて獄門の仕置に仰せ付けるべきか（評定所首座の老中方カ）伺っていた。高井郡中野村の村高は、「元禄郷帳」によれば九六三石八斗九合である。

また当吉右衛門の実子が調べられ、男子の善十郎一五歳、九十郎七歳、養子権之助二五歳が挙げられている。以上の高木・藤堂連名の文書の日付は元禄元年一二月一四日付である。

さらに当吉右衛門病死の書付があり、元禄二年（一六八九）巳正月晦日に病死したこと、その検分の様子が述べられている。即ち、この者が去る時分に詮議詰書を差し上げた者で、板倉甲斐守領松川村へ捨て馬を行った当人である。籠内で患ったので、地頭・遠江守方へ預け置いて養生させたが、回復せず、一昨日病死した。高木・藤堂の家来を検視に差遣わして、死骸を改めさせた次第である。拷問については、この吉右衛門の他に、吉田村の権右衛門が先のように拷問により、牢内で重く患い、藩主方へ預けられたが、「病死」している。また道光寺の権右衛門も拷問にあっていた。容疑があるから拷問を行ったというよりも、何はともあれ、いわば拷問を通じて犯人を見つけるという志向が強いように思えるが、果たして如何であろうか。

吉右衛門の実子・善兵衛（十郎カ）一六歳、九十郎八歳、養子・権之助二六歳につき、遠江守領上赤塩村で厳重に預け置くとの刑罰を地頭の遠江守方へ申渡した。やはり高木・藤堂連名の文書の日付は元禄二年巳閏正月二日であった。高木・藤堂は、「最前被　仰出候通、当人吉右衛門其所ニ獄門之御仕置可被　仰付哉奉伺候」とあるように、老中方へ刑罰の伺いを立てていた。末尾には捨て馬主・吉右衛門の実子男子二人（七、一五歳）、養子男子（二五歳）につき、名前を付して老中方へ報告していた。この者たちの縁座の処置も伺っていたのである。

この裁判、及び刑の執行について、上赤塩村の吉右衛門は江戸（評定所カ）で打ち首を仰せつけられ、赤塩村で獄門の刑に処せられた。悴二人、養子、及び道光寺新田の九之丞は江戸追放を仰せつけられ、飯山藩領の立入りや、書状の取交しも禁じられたという趣旨と捨て馬の厳禁を命ずる飯山藩の元禄二年二月二一日付の禁令があり、これに対して同二年二月二二日付で在地の庄屋・組頭・総百姓から藩の郡奉行に差出した復命書（「覚」）が残されている。(1)

最後に高木・藤堂連名の「松平遠江守知行所上赤塩村馬喰吉右衛門病死之書付」（元禄二年閏正月二日付）によれば、牢内で煩ったので、遠江守方へ預けて養生させたが、「不得快気」して一昨晦日に病死した。高木・藤堂の家来を「検使」に差し向けて、死骸を改めさせた。また吉右衛門の右の二人の実子と養子の名前と年齢を明示し、「所（在所）江堅く預ヶ置候様ニと」遠江方へ申し渡した。この処置については評定所首座の老中方の指示があったものと思料される。

以上、信濃国の他領支配に係る捨て馬の事例につき、その吟味と裁判をめぐる要点を検討してきたが、老中方（評定所）、大目付・道中奉行による幕藩法関係は貫徹されていたことが明確となったのである。

解読史料②

信濃国板倉甲斐守知行所松川村ニ而之捨馬僉議仕候覚

右松川村芝野ニ、辰八月十四日捨馬御座候ニ付、早速所之馬屋江入、養育致置候処、同十七日馬おち申候。右之捨馬主僉議仕候得ハ、松平遠江守知行所上赤塩村馬喰吉右衛門銭かねにも不成馬ゆえ、八月十三日之暮合ニ松川村と遠江守知行吉田村と之境道端之木ニつなき、捨置、夫ゟ遠江守知行所道光寺新田九之丞宅ニ泊候由、吉右衛門白状仕候。

一　道光寺村新田九之丞若同類ニ而ハ無之哉と度々遂吟味拷問迄仕候得共、同類ニ而ハ無御座候。然共八月十三日之晩九之丞宅ニ吉右衛門不泊由、九之丞達而争、母申口ニ而相知れ、不届ニ奉存候ニ付、先籠舎ニ而差置申候。

一　遠江守知行所吉田村名主権右衛門、八月十三日之暮相、右之捨馬つなき有之所をとき放し候得共、甲斐守知行所松川村ニ而馬倒れ候よし、風聞御座候ニ付、権右衛門度々穿鑿致候内、偽り有之。段々疑敷義共多く御座候ニ付、籠舎申付置、拷問致し僉議仕候内、籠内ニ而強相煩候故、地頭遠江守方江預ヶ養生為致候得共、不叶病死仕候。右権右衛門終ニ白状ハ不仕候得共、段々偽り有之。疑敷相聞、畢竟馬とき放し候哉と奉存候。以上。

辰十二月十四日

高木伊勢守

藤堂伊予守

信濃国松川村ニ而之捨馬僉議仕候書付

元禄元年辰十二月十四日

高木伊勢守

藤堂伊予守

信濃国板倉甲斐守知行所松川村ニ而之捨馬僉議仕候覚

一　当八月十四日之昼、甲斐守知行所松川村芝野ニ而馬見付申候。此馬右之目つふれ腰ぬけ倒候而罷在候故、早速甲斐守代官江訴、近所百姓之厩江入、養育致し置候内、十七日馬おち申候。

一　松平遠江守知行所吉田村と甲斐守知行所松川村と隣郷ニ而入組御座候。遠江守知行之馬喰共之内、右之捨馬売買之節、口入候もの有之旨風聞之由、甲斐守知行之馬喰申ニ付、遠江守・甲斐守両人之百姓幷馬喰共召寄僉議仕候処、遠江守知行所坂井村左太夫申候ハ、右之馬ハ八月十一日ニ甲斐守知行所安源寺村之馬市ニ而、遠江守知行所柏原村徳左衛門方江同人知行所上赤塩村馬喰吉右衛門御領新田助右衛門両人口入ニ而馬売候由、左太夫申候。扨徳右（左、以下略）衛門方に右之馬一夜差置、翌十二日彼馬役ニ

立不申候と之徳右衛門方より右吉右衛門・助右衛門両人方江返し申候。其後遠江守知行所道光寺村新田九之丞も吉右衛門・助右衛門と立合、三人ニ而右之馬遠江守知行所道光寺村新田四郎兵衛方江遣し馬養致候得共、四郎兵衛も用ニ不立由ニ而請取申さず候ニ付、安源寺村之辻ニつなき置、市中を徘徊候内、暮時ゟ彼馬何方江参候哉尋候へ共、見へ不申候処、其夜元之馬主坂井村左太夫家之前江右之馬参居申候を翌十三日之朝見出し候ニ付、則甲斐守知行所之岩船原迄左太夫牽参り、吉右衛門・助右衛門尋候へとも、不相見候内、吉右衛門尋、逢候ニ付、右之馬相渡し候由、左太夫申候。

　右之通ニ候故、馬喰吉右衛門度々召出し、僉議厳敷拷問仕、承候得ハ、

一　吉右衛門申候ハ、右左太夫方ゟ八月十三日之朝、馬受取候得共、助右衛門ニハ不申聞、馬を少々酒手ニも売申存所（所存）ニ而、市中走廻り候得共、用に不立馬故、買手無之、其上及暮、市も引払候ニ付、松川村と吉田村との境道端之木江つなき捨置、夫より九之丞宅ニ泊り候由、吉右衛門白状仕候。

　右吉右衛門ニ相尋候ハ、、如何様之心入ニ而馬捨候哉捨馬御制禁、生類あわれミの御触承候哉、村々御高札ハ建不申候哉と相尋候へハ、

一　馬喰吉右衛門申候ハ、右御触之義、度々地頭ゟ相触承、殊ニ御高札も建御座候而見申候へ共、馬捨候時分ハ御触之儀も心付不申、何事も無御座、銭かねにも不成馬故、捨候由申候。依之先籠舎ニ而差置申候。

　道光寺新田九之丞儀、前簾（廉）馬売買之節、口入をも仕、其上吉右衛門九之丞方ニ泊り候由申候間、同類ニ而は無之哉と度々致僉議、拷問迄仕承候へハ、

一　九之丞申候ハ、八月十二日右之馬吉右衛門・助右衛門と立合、馬売可申と存候得共、用に不立馬故、買手無之候ニ付、其後立合不申、尤私方ニ吉右衛門泊り候事、終ニ無御座候由、九之丞申候。

右之通申候ニ付、九之丞母方江尋ニ遣候へハ、八月十三日之晩、吉右衛門九之丞宅ニ泊り候由口書差出し候。依之九之丞ニ母口書読聞せ候而相尋候ハ、

一 九之丞申候ハ、母右之通口書差出候上ハ、包可申様無御座候。八月十三日之晩、吉右衛門私方江泊り候段、必定ニ而候由申候。

右九之丞数度拷問之上ニ而も同類ニ而ハ無之由申候。然れ共、馬喰吉右衛門馬捨候晩泊り候段隠、最初不申出、母申口ニ而相知れ、不届奉存候ニ付、先籠舎ニ而差置申候。

一 甲斐守知行所信濃国中野村甚右衛門申候ハ、遠江守知行所吉田村名主権右衛門八月十三日ニ所之馬市追払ニ罷出候節、羽織を着し候男有之。捨馬吉田村之原につなき置、彼者不相見候ニ付、権右衛門縄をときはなし候へハ、甲斐守知行所松川村分の地ニ而馬倒申候由、風聞ニ承候旨、右甚右衛門申候。依之名主権右衛門召寄、僉議仕候処、馬ときはなし候義ハ無之由申候へ共、穿鑿之内、偽有之、段々疑敷義共、多御座候ニ付、籠舎申付置、拷問致し、度々僉議仕候内、籠内ニ而相煩候故、地頭遠江守方江預ヶ養生為致候へ共、不相叶致病死候。右権右衛門終ニ白状ハ不仕候へ共、段々偽有之、疑敷相聞、畢竟馬ときはなし候哉と奉存候。最前被　仰出候通、当人吉右衛門其所ニ獄門之御仕置可被　仰付哉奉伺候。

一 当人　吉左衛門実子　善十郎　十五才　九十郎　七才

一 同人養子　権之助　廿五歳

右之外男子無御座候。以上。

十二月十四日

高木伊勢守
藤堂伊予守
高木伊勢守
藤堂伊予守

松平遠江守知行所上赤塩村
馬喰吉右衛門病死之書付

上赤塩村馬喰
吉右衛門

巳正月晦日病死

此者ハ、去ル頃、僉議相詰書上ヶ候板倉甲斐守知行所松川村江致捨馬当人ニ而御座候。於籠内相煩候ニ付、地頭・遠江守方江預ヶ申、養生為致候得共、不得快気、一昨晦日病死候。私共家来検使ニ差遣、死骸相改させ申候。

一　吉左衛門実子　善兵衛（十郎）十六歳　養子権之助廿六才
　　九十郎　八才

右三人之悴、所江堅く預ヶ置候様ニと、地頭遠江守方江申渡候。以上。

高木伊勢守

巳閏正月二日

第二節　下野国都賀郡下の詮議と、刑罰の伺い

まず「覚」と題する高木伊勢守・藤堂伊予守による文書（一二月一四日付、実は元禄元＝一六八八年）によれば、捨て馬があった下野国都賀郡の小林村は、大村藤右衛門・神谷助左衛門・内藤加兵衛・戸田十郎右衛

門の領主四人による相給村である。この史料では郡名が出ていないが、小林村の郡名について「元禄郷帳」を勘案すると、都賀郡とある。小林村の石高は七三三石八斗四升一合、同郡真弓村は一〇九一石八斗六合である。この小林村は現在でいえば日光市に属するが、真弓村は不詳である。真弓村は維新期には大半が関宿県に属し、若干が日光県に属している（『旧高旧領取調帳　関東編』近藤出版社、一九七七年）。

小林村が他領支配の相給村であるので、（評定所首座の）老中方から高木伊勢守・藤堂伊予守に詮議（取調べ）が命じられたものと考えられる。詮議の結果は以下の通りである。元禄元年（一六八八）一一月五日に小林村へ捨て馬があり、早速に厩へ入れ、相給のそれぞれ四人の百姓が寄合い、養育していたが、同月七日にこの馬が亡くなった。この捨て馬主を詮議した処、酒井能登守組小林金十郎知行真弓村の百姓与五右衛門と下人八助の両人が役に立たない馬故、一一月四日の夜五つ時分（七時半頃）に小林村の溝堀へ捨てたことを、主従共に拷問の上で、白状した。口頭の尋問でも右の通り相違ない旨を有体に申し出た。他に申合わせた同類がない旨を申した。依って、両人へ先ず籠舎を申付け置いた。

また真弓村相給の小笠原弥左衛門知行所の名主助右衛門・組頭市郎右衛門はこの捨て馬の出所を大凡知りながら、最初は申出ず、疑わしい「毛付帳」を差出したので、籠舎を申付け置き、その上で拷問に掛けた。この結果この馬を知っていることを申出た。実は訴え出ることを迷惑と思い、以前に申上げなかったが、拷問にあったので、申出た由を申し上げた。高木・藤堂は、名主・組頭をも務める身でありながら、隠置いたことは不届きであり、その科は逃れることは出来ないと述べていた。以上の奥付は一二月一四日である。

次に「下野国小林村ニ而之捨馬僉議仕候書付」（元禄元年一二月一四日付）は、以下に述べるように高木伊勢守と藤堂伊予守による詮議書である。ここでは相給の領主たちが大久保玄馬頭組・大村藤右衛門、酒井能登守組・神谷助左衛門、同人組・内藤加兵衛、中根宇右衛門組・戸田十郎右衛門と出てくる。捨て馬の亡くなるまでは同じ内容なので割愛する。この捨て馬主を穿鑿することを仰渡されたので、当小林村は勿論、近村の百姓や馬医・博労まで召寄せて吟味した処、真弓村相給小笠原弥左衛門知行所の馬医半三郎・名主助右衛門・組頭市郎右衛門を詮議の節、申口が不分明に聞こえ、かつ当真弓村の「毛付帳」を差出したのは尤もである。しかし名主・組頭は馬医半三郎に申付けて、他村で治療した「旦那之馬毛付病馬ニかきらす」、存在する馬を残らず帳面に記し、銘々から判形を取って半三郎に提出させた。治療した馬の持ち主の名前だけは記載することが有り得べきことであるけれども、病気の馬でもない馬の毛付を仕立てることは拵えもののように見え、疑わしいことと思料された。この名主・組頭・馬医三人共に籠舎を申し付け置き、三人を拷問した処、名主・組頭は、九左衛門という馬喰がこの馬を一一月二日に真弓村相給酒井能登守組小林金十郎知行所の百姓・与五右衛門方へ牽込みしたものだと申した。なお馬医はとりわけ牛馬の治療を専門とし、博労は主に牛馬の売買や斡旋を業とするが、牛馬の良しあしを多少知ることが出来ることを指摘しておきたい。

然るに地頭・金十郎方より書付が差し出され、これには与五右衛門・下人と博労・九左衛門がこの馬を捨てた旨を与五右衛門が申出た由につき、書付がもたらされた。依って与五右衛門を詮議して承り、与五右衛門は下人・八助と博労・九左衛門両人で捨てたことを申した。そこで下人・八助を拷問した処、与五右衛門と八助二人で捨てたこと、九左衛門については申掛りの上でそうしてしまったと白状した。依って与五右衛門を重ねて拷問すると有体に白状した。即ち与五右衛門はこの馬を一一月二日に九左衛門方から五〇〇文で買い取ったが、用に立たないので、四日の夜五つ時分に八助と与五右衛門両人が小林村の溝堀へ捨てたことを与五右衛門は白状した。九左衛門は同類ではなく、申し掛り上で述べてしまったことも与五右衛門は申した。この他に申合せて手伝った者がいないことも申し上げた。なお博労の九左衛門は地主の与五右衛門家に出入りする存在であったのであろうか。

・以上のことにつき、与五右衛門と八助に、どのような心入れで捨てたのか、捨て馬御制禁・生類あわれミの御触れを承っていたのか、村々に建てられた御高札を見たのか、と尋ねた処、

一　与五右衛門・八助両人は、度々の御触れを地頭から申聞かされ、承っており、捨て馬御停止の御高札も村々に建てているのを見ていたが、馬を捨てた時分には血迷っており、御触のことも心付け申さず、何心もなく、用に立たない馬故に捨ててしまったと、与五右衛門・八助両人は申した。与五右衛門と八助との生類憐み令に対する法意識が出ていた。

・真弓村の相給小笠原弥左衛門知行所の名主助右衛門・組頭市郎右衛門・馬医半三郎へ与五右衛門・八助の同類ではないかと詮議した処、

一　名主助右衛門・組頭市郎右衛門は、この度御詮議があったので、馬医をも召連れて参るようにとのことなので、馬医半三郎が治療した村々の人別をもしもお尋ねがあるやも知れぬと、他村までも毛付書付に判形をも取らせ、持参させた由を申したが、疑わしく思料され、三人共に籠舎を申付け置き、拷問に掛けた。その上で、組頭市郎右衛門はこの捨て馬を九左衛門が一一月二日に与五右衛門方へ牽込むのを見たと申し、助右衛門はこのことを市郎右衛門から承ったのであるが、訴人になることを迷惑に思って最初に申出なかった由を拷問の上で助右衛門と市郎右衛門が申した。尤も与五右衛門は馬を捨てた頃はこれを知らず、捨て馬になって後に右の馬と知ったのであるが、訴人になるが故に、包隠した由を助右衛門・市郎右衛門は申した。馬医・三郎は名主・組頭に申し付けられたが為に、他村の「毛付帳」まで持参した旨を申した。半三郎は、名主・組頭から申付けられると、自ら企む余地はないので、科はないものと思料される。このように助右衛門・市郎右衛門を次第に詮議する過程では以上のような事情を申し出ず、拷問の末にこの馬を見て知っていたことを有体に申出た。名主・組頭を務めながら隠置くとは

不届きにつき、その科は逃れがたいと思料される。名主・組頭・馬医は以上のように申上げた。要するに他村の毛付書付を差出したその心底には、毛付書通りの馬に相違ないが、この捨て馬の事情を知らないものとなり、当分の詮議を遂げ申すべき所存となるのだろうとされた。

以上の者共は捨て馬の出所を大概知りつつ、詮議の過程では最初に申出ず、不届きであるが、捨て馬の手伝いをしたのではないが故に、三人共に出牢を申付け、地頭方へ先ず預置くことを申した。最初に仰出された通り、当人の者共は在所において獄門の御仕置（刑罰）に仰せ付けられるべきであろうか、伺い奉る。

一　右の与五右衛門には二才の忰一人が在所にいる。

一　与五右衛門の親・勘左衛門は在所におり、この他に近い親類はいない。

高木伊勢守・藤堂伊予守は元禄元年一二月四日付で老中方へ以上のことを報告し、縁座についても併せて伺を立てた。

以上の事件の推移を検討すれば、先ず捨て馬のあった小林村が相給村であり、四人の知行主の夫々の百姓たちが世話をしていた処、この馬が死んだというのであった。かついずれの筋から申し出があったのかは不詳であるが、老中方からこの捨て馬主の穿鑿を高木伊勢守と藤堂伊予守が命じられて吟味が行われた。評定所首座の老中方から刑罰について両人へ「指示」があったこと、そして両人はこの通りに刑を執行するべきかを老中方へ伺っていたのである。評定所・老中方、大目付・道中奉行、相給の村々へと「他支配関係」をめぐる吟味・裁判に現れた幕藩法関係は貫徹していたことが明白であった。

覚

下野国小林村相給

大村藤右衛門
神谷助左衛門
内藤　加兵衛
戸田十郎右衛門

右小林村ニ辰之十一月五日捨馬御座候ニ付、早速厩江入、相給四人之百姓寄合養育致候処、同七日馬落申候。右之捨馬主僉議仕候処、酒井能登守組小林金十郎知行真弓村百姓与五右衛門と同人下人八助両人ニ而用ニ不立馬故、十一月四日之夜五ツ時分小林村之溝堀江捨候由、主従共拷問之上、白状仕、口とひ等仕候而も、右之通相違無御座候由、有躰に申出し候。外ニ申合同類無御座旨申候。依之両人共先籠舎申付置候。

一　真弓村相給小笠原弥左衛門知行所之名主助右衛門・組頭市郎右衛門右捨馬之出所大概存なから、最初不申出、疑敷毛付帳差出候ニ付、籠舎申付置、拷問仕承候得ハ、馬見知リ候由申出し、訴人致候義迷惑ニ存、前方不申出候得共、拷問ニ逢候故、申出し候由、助右衛門・市郎右衛門申候。名主・組頭をも仕なから隠し置候段不届、其科難遁奉存候。以上。

十二月十四日

高木伊勢守
藤堂伊予守

下野国小林村ニ而之捨馬僉議仕候書付

元禄元年辰十二月十四日

高木伊勢守
藤堂伊予守
大久保玄蕃頭組
大村藤右衛門
酒井能登守組
神谷助左衛門
右同人組
内藤加兵衛
中根宇右衛門組
戸田十郎右衛門

下野国寒川郡小林村相給

右小林村ニ辰之十二月五日捨馬御座候ニ付、早速小林村之厩江入、相給四人之百姓寄合、致養育置候処、同七日馬おち申候。右之捨馬主可遂穿鑿旨被仰渡、則当村ハ勿論、近村之百姓幷馬医・馬喰迄召寄、吟味仕候処、同国真弓村相給小笠原弥左衛門知行所之馬医半三郎・名主助右衛門・組頭市郎右衛門僉議之節、申口不明分相聞、其上当村之毛付帳差出シ候ハ尤ニ候得共、名主・組頭、馬医半三郎ニ申付、他村療治旦那之馬毛付病馬ニかきらす、有馬之分不残帳面ニ記、銘々判形を取、馬医半三郎ニ差出させ候。療治旦那之名計ハ記シ申儀も可有御座処、病馬ニ而も無之馬之毛付を仕候段、拵ものニ相見へ、疑敷奉存候。右名主・組頭・馬医三人共ニ籠舎申付置、致拷問候処、名主助右衛門・組頭市郎右衛門申候ハ右之捨馬ハ九左衛門と申馬喰十一月二日真弓村相給酒井能登守組小林金十郎知行所之百姓与五右衛門方江牽込申候由、拷問之上申候。然ル処ニ地頭金十郎方ゟ書付差出候ハ与五右衛門下人八助と馬喰九右（左、以下略）衛門右之馬捨候由、与五右衛門申出し候由ニ而書付差越候。依之旁与五右衛門致僉議、承候得ハ、与五右衛門下人八助と馬喰九左衛門両人ニ而捨候由、与五右衛門申候ニ付、下人八助拷問致承候得ハ、主人与五右衛門と私両人ニ而捨申候。九右衛門江ハ申掛りニ而候と八助致白状候。依之与五右衛門重而拷問仕候得ハ、有躰ニ致白状、畢竟ハ彼馬十一月二日ニ九左衛門方より五百文ニ買取候得共、用ニ不立候故、同四日之夜五ツ時分下人八助と与五右衛門両人ニ而、小林村之溝堀江捨候よし、与五右衛門白状仕候。九右衛門ハ同類ニ而無之申掛ケニ而候と与五右衛門申候。尤右之外、申合手伝仕候もの無御座候旨申候。

右与五右衛門・八助両人ニ相尋候ハ、如何様之心入に而馬捨候哉、捨馬御制禁・生類あわれミの御触承候哉、村ニ御高札建御座候を見申候哉と相尋候得ハ、

一 与五右衛門・八助両人共申候ハ度々之御触、地頭ゟ申聞承、捨馬御停止之御高札も村ニ建御座候而見申候得共、捨候時分ハ血ニまよひ御触之義も心付不申、何心も無御座、用ニ不立馬故、捨候由、与五右衛門・八助両人共申候。

真弓村相給小笠原弥左衛門知行所之名主助右衛門・組頭市郎右衛門・馬医半三郎同類ニ而ハ無御座候哉と僉議仕承候へハ、

一 名主助右衛門・組頭市郎右衛門申候ハ、此度御僉議御坐候故、馬医をも召連参候様ニとの義ニ付、馬医半三郎療治仕候村々人別ニ若御尋も可有御座哉と、他村迄之毛付書付、判形をもとらせ、致持参候由申候ニ付、疑敷存、三人共ニ籠舎申付置、拷問仕承候得ハ、組頭市郎右衛門申候ハ右捨馬を九左衛門十一月二日ニ与五右衛門方江牽込候段、市郎右衛門ハ見申、助右衛門ハ其段市郎右衛門ハ見申、

助右衛門ハ其段市郎右衛門申聞せ承、罷在候得共、訴人仕候義迷惑存、最初ニ不申出候由、拷問之上、助右衛門・市郎右衛門申候。尤与五右衛門馬捨候節ハ不存、捨馬ニ成候而、右之馬とハ存候へとも、訴人ニ罷成候故、包置候由、助右衛門・市郎右衛門申候。馬医半三郎ハ名主・組頭申付候故、他村之毛付帳迄持参仕候由申候。然ハ半三郎儀ハ名主・組頭申付候得ハ、其身たくみ候而仕候義ニ而無御座候故、科ハ無御座候と奉存候。右助右衛門・市郎右衛門段々僉議之節、右之分ヶ不申出、拷問之上、馬見知り候段有躰申出シ候。名主・組頭をも仕なから隠置候段不届、其科難遁奉存候。

名主・組頭・馬医右之通申候。畢竟他村之毛付書付差出候心底ハ毛付書付之通、馬相違無之候得ハ、右之捨馬之訳不存様子ニ罷成、当分之僉議を遂可申所存と相聞江申候。右之者共、捨馬之出所大概存なから、僉議之上、最初不申出、不届ニハ候得共、捨馬之手伝致候儀ハ無御座候故、三人共ニ出籠申付、地頭方江先預ヶ置申候。最初被　仰出候通り、当人之者共於其所獄門之御仕置ニ可被　仰付候哉、奉伺候。

一　右与五右衛門弐歳之悴壱人在所ニ罷在候。

一　与五右衛門親勘左衛門在所ニ罷在候。此外近キ親類無御座候。以上。

辰十二月四日

高木伊勢守
藤堂伊予守

第三節　上総国山辺郡下の詮議と、刑罰の伺い

まず永井宮内知行関村（実は国府関村）の百姓・助右衛門が「馬捨候者」として挙げられている。元禄元年（一六八八）七月一八日に上総国大木戸村野へ捨て馬があった。この地の地頭・永井宮内から老中方へ詮議の申し立てがあったので、老中方は大目付方に穿鑿せしめたことが明記されている。公儀からの御触れを度々地頭より申渡し、当元年も三度迄相触れ、一度は家来をも遣わし念を入れて申付け、その上高札も所々に建置いたにも拘らず、捨て馬を行ったことは如何なる所存かと段々詮議し、拷問に掛けた処、助右衛門は地頭よりも度々触れがあり、判形をも行ったのであるが、馬足が痛み、役に立たないので何心なく野へ捨ててしまったと白状した。

道中奉行兼大目付の高木伊勢守と大目付の藤堂伊予守は詮議の過程で、拷問を行い、永井宮内知行所関村（実は長柄郡国府関村）の百姓助右衛門が捨て馬を行ったことの詮議の結果が示されている。「元禄郷帳」によれば、山辺郡大木戸村の石高は一九八石二斗三合、現千葉市緑区大木戸に、国府関村は七三九石六斗七升で現長生郡長柄町国府里に比定される。なお郡名などに誤りと思しき箇所があり、以下で指摘しておきたい。

一　助右衛門を子の権四郎と申合せて捨てたのかと詮議したが、捨てた時分には申聞かせず、その後に申し聞かせた旨には詮議の上で親子の申口に相違はなかった。生類憐みの儀につき度々申渡し、捨て馬の者へ御仕置が仰せつけられた上、不届き至極であるとして、助右衛門は獄門、権四郎は死罪とされた。

一　この度捨て馬のことにつき、村々の者へ判形を申付けた処、宮内知行所の国府関村名主弟の太郎右衛

門が（この間、欠字あり）行わず、馬を失った者がいないという証文を差出した。これは粗雑な仕方が不届きであるとして、太郎右衛門は流罪とされた。

酒井能登守組の川井善兵衛が酒井能登守に差出した「覚」（八月一五日付）によれば、川井善兵衛が山辺郡永田村（一五四五石五斗七升六合、「元禄郷帳」）の内に三〇石八斗の地を領有しており、この永田村より三里脇の同国他領の市原（実は山辺）郡大野という野に放し馬があったというので、近郷へ立会って吟味を遂げた処、馬を放った者はいなかったという。依って大野へ入会っている八ヶ村並びに永田村より証文を出させ、大野の元村である大木戸村の名主方へ人を遣わした。委細は大木戸村の地頭方より公儀へ申上げられたと思料する。その上、川井の知行所は他領のことなので、この様子を早く百姓共が申来ったものであると述べた。永田村は、現在で言えば、大網白里市永田に比定される。

次の「覚」は小幡源太郎内の秋元彦八郎と小幡兵左衛門内の鈴木善八郎連名による元年八月一四日付の報告書である。これによれば、去る八月一二日に大木戸村へ到着し、一三日に大木戸村へ入会っている村々の百姓共を呼寄せ、詮議した処、この馬を牽き回して見ると、先日見分けの通り、前足が両方共に不自由に見えた。しかし痛みの様子は先日よりは心持好いように見えた由を申した。馬医などへも駆ける様子を見せた。「いぬたて」を煎じ、節々を洗い、内薬も用いさせた。馬の立ち居振る舞いについては、昼の内は倒れないが、夜の九つ（一二時頃）過ぎになると倒れ・起きが生じる時分に、そのまま差置くと起きずという様子に見えたが、両人が傍へ寄って起こすと、軽く起きた。粥も能くやり、馬医の申すことは書付に載せた。そこで昼二人、清左衛門様の御指図によって、一日両村づつ寄合って人を出し、飼置くようにと仰せられた。三橋夜四人づつ附置いた。馬をいよいよ大木戸村へ差置くようにと申付け、馬屋も念を入れていよいよ大切に飼置くように申付け、異変があった場合には段々注進するようにと申付けて罷り帰った。この他に変わったことはないと述べていた。

次の「口書」（八月一四日付）と題する史料は、小幡源太郎内の秋元彦八郎が松波六右衛門内の鎌田兵助・新崎直右衛門へ差出した文書である。これによると、秋元は八月一二日に大木戸村に着き、一三日に入会する村々の百姓共を呼び寄せて詮議をしているが、先の秋元・鈴木の「覚」と以下同様の内容である。

さらに水野周防守組・小幡太郎左衛門、北条伊勢守組・小幡源太郎、仙谷因幡守組・本郷庄三郎、同組・桜井清右衛門、大久保玄蕃頭組・大河原源五右衛門、相間・神谷源兵衛、同・大道寺権内の名で、以下の報告があった。元禄元年七月二四日、大木戸村大野に栗毛の馬一疋が来ていた。三橋清左衛門知行所の越知（智）村の庄屋が見つけ、入会する九ヶ村へ段々話を通していったのであると。「元禄郷帳」によれば、山辺郡に越智村があり、石高は一五四石一一四である。現在の千葉市緑区越智町に比定される。

なお「右両人注進之通、八月十一日若狭守殿ゟ被申聞」とあり、注進した両人とは誰なのかは判明しないが、元禄元年当時の若狭守といえば、側用人で生類憐み令を施行する大役を担っていた喜多見重政（大名、慶安四＝一六五一～元禄二＝一六八九年）である。喜多見失脚の後に、生類憐み令の取調べなどにどのような事態が生じたのかなど、この辺りは重要であるが故に、後考を待ちたい。

高木伊勢守と藤堂伊予守の連名による大木戸村入会野への捨て馬に関する詮議の「覚書」（元年八月二六日付）によれば、大木戸村の大野へ捨て馬があったが、ここは大木戸村を含む九ヶ村の入会地であった。これらの村々の百姓を詮議している内に、永井宮内知行所国府関村の助右衛門なる百姓が七月一八日の夜に「どうきょうじ」（道脇寺カ）台という所に捨て馬をしたという書付が宮内方から差出された。依って助右衛門を詮議した処、御法度の御触れを当年三度まで承り、一度は地頭宮内家来を遣わして申渡したことを承っており、御高札も村々に建てられ、これを見たことも述べた。であるならば、如何なる心入りで捨てたのかと訊ねた処、何心もなく御法度のことも心になく、役に立たない馬なので、捨てたことを申し上げた。悴の権四郎へは翌一九日に申聞かせ、前以て知らせていないことを親の助右衛門が申したので、権四郎を拷問に掛けたが、助右衛門同様のことを申した。なお道脇寺は現長生郡長柄町山根にある。

この捨て馬以後、入会の村々から更に近村へ詮議に遣わし、村々から手形を取っていく内に、捨て馬主の在所である国府関町の太郎右衛門という者が名主留守の内に、捨て馬主はいないという手形を出したことにつき、捨て馬主の助右衛門と前以て申合せがあったのかどうかと、拷問に掛けて訊ねたけれども、そのようなことはなかった。何心もなく手形を誤ったという趣旨を述べたが故に、籠舎を申付けたという。

最後は、同じく高木・藤堂連名によるこの捨て馬事件の詮議書の覚（元禄元年八月二六日付）である。山辺郡の大野に七月二四日の朝、越知（越智）村の二人の百姓が馬の秣を狩りに来た処、主なし馬を見つけた。この馬は両肩が抜けて、足も傷んでいると申すので、越智村の名主へ申し聞かせ、かつ地頭宮内へも注進した。九か村へも触れを出し、これらの名主共が相談して、一か村で三日三夜づつ養うことを決めて、順番に六か村までは牽き参り養っている内に大木戸村に厩を作り、今に九か村の百姓どもが養育している。この馬を詮議している内に、永井宮内の知行所である上総国国府関村の百姓・助右衛門という者がこの馬を捨てたことが判明し、この者を搦置き、宮内方からこの経緯の書付を差し上げた。この助右衛門と悴・権四郎を始め、在所の者たちも召し寄せて詮議を遂げた処、助右衛門が言うには去年（貞享四＝一六八七年）一二月晦日（三〇日）に同国府関村の与佐衛門からこの馬を買ったのであるが、両肩が抜けて用に立たない馬であったので、本年（元禄元年）七月一八日の夜に道脇寺台という所へ捨てたと申した。高木・藤堂の両名から助右衛門へ尋ねるに、生類憐みの触れ及び捨て馬法度の触れ、さらに捨て馬につき、法度の高札を村々に建ててあるのを見申したかと詮議した処、法度については地頭より申し付けられており、名主より当年も厳しく申し渡されており、一度は地頭宮内の家来が村に差し越して申し聞かせて承り、判形もしたことである。また高札も村々に建ててあり、見ている。高木・藤堂は次いで以前から仰せ出されていることは牛馬を飼育出来兼ねる者がおれば、地頭方が飼育する筈である。このことにつき、承らなかったのかと両名から尋ねると、助右衛門はこのことも承っていると答えた。そうであるならば、名主までこの馬が用に立たない旨を申すべきの処、大切なる馬を捨て馬にした行為につき、どのように心得て捨てたのかと尋ねた処、何心もなく、触れのことも心に掛けず、用に立たない馬なので、当年七月一八日の夜に捨てたのだという。助右衛門は悴の権四郎には前以て捨てることを言わず、翌一九日に申し聞かせたという。権四郎を拷問して訊ねた処、親・助右衛門が述べた通り、以前には承らず、翌一九日に承ったことを申した。かくして助右衛門親子に牢舎を申し置いた。

次に、高木・藤堂の両名はこの入会九か村の内から近村へ人を遣わして、この捨て馬主がいないかどうかにつき、村々から手形を取った次第である。然る処、助右衛門の在所・国府関村へもこの通りに申し遣わした処、その節に同村の名主は当地に滞在しており、留守の内は名主の弟・太郎右衛門という者がそのような馬を失った者は曽ていないという趣旨を手形を通じて申した。村中の吟味もせず、こうした仕方は不届きであるが故に、助右衛門と一体となり、捨てさせたのではと太郎右衛門に拷問を行って訊ねたが、これについては毛頭存じないと申した。その節急に手形を所望されたので、何心もなく手形を認めて遣わしたのだという。かくして高木・藤堂の両名は、大切な事柄を軽く考え、五人組などにも申し出ず、手形を取交したことは不届きであるが故に、まず籠舎を申しつけた次第である。こうした民衆の捨て馬をめぐる生類憐み令との関係にかんする意識が全く希薄であったことは生類憐み令に対する法意識が弱かったことを意味しているのである。

以上検討した処によれば、山辺郡の相給村である大木戸村に捨て馬が見付かり、その内の一人の領主永井宮内から（評定所首座の）老中方へ詮議依頼の連絡が行き、この捨て馬の持主の穿鑿が老中方から大目付の高木（道中奉行兼任）・藤堂に命じられたのである。四人の領主の知行所の夫々の百姓たちが寄合って養育したが、この馬が亡くなり、吟味の過程で永井宮内方から知行地の長柄郡国府関村の百姓が捨て馬主であるという連絡が高木・藤堂方へ入り、その後の吟味によって、この事件の全容が判明した。ここでも捨て馬に係わった者たちの生類憐み令に関する法意識が弱かったことは明白であった。そして高木と藤堂は刑罰の執行について、先に老中方から仰せ出された通り、この所で獄門の御仕置を仰せ付けられるべきかを伺っていたのである。この事件を通してみると、老中方の指令を尊重して、道中奉行兼大目付ともう一名の大目付とが他領他支配関係にある諸領主の村々を通じて吟味、及び裁判を行っていることが理解できるのである。

解読史料⑦

永井宮内知行（国府）関村百姓
馬捨候者
助右衛門

上総国大木戸村野へ当七月十八日馬捨申候。地頭宮内僉議仕申立候ニ付、大目付方ニ而穿鑿致候。従公儀御触之儀度々地頭より申渡、当年も三度迄相触、一度ハ家来をも遣し、念ヲ入申付、其上高札も所々ニ建置候処ニ、捨馬致候段、如何様之所存ニ候哉と段々僉議、拷問をも仕候処、地頭よりも度々触有之、判形をも仕候得共、馬足痛、役に立不申候由ニ付、何心なく野へ捨申候旨白状仕候。

一　助右衛門子権四郎申合捨候哉と僉議仕候得共、捨申時分ハ不申聞、其以後為申聞候旨、詮議之上、親子申口相違無御座候。

生類あわれミの儀度々申渡、捨馬の者、御仕置被　仰付候上、右之段々不届至極候。

死罪獄門　助右衛門

死罪　権四郎

流罪　太郎右衛門

一　今度捨馬之儀ニ付、村々之者判形申付候処、宮内知行（国府）関村名主弟太郎右衛門（アキ）不仕馬失ひ候者無之段、證文致差出、そまつなる仕形不届ニ候。

酒井能登守組

川井善兵衛

知行所之近郷他領之野ニ放シ馬在之由書付

覚

私知行上総国山辺郡永田村之内ニ三十石八斗御座候。右永田村より三里脇之他領同国一（市）原（山辺、以下略）郡大野と申野ニ今度放し馬御座候ニ付、近郷立合、致吟味候処、馬放し候者無御座候。依之大野入合（会）之村八ヶ村幷永田村ゟ致証文、大野之元村大木戸村名主方江遣シ申候。委細之儀ハ大木戸村地頭方ゟ御公儀江可被申上と奉存、其上私知行所ハ他領之儀ニ御座候処、右之様子速く百姓共申来由申候。以上。

八月十五日　川井善兵衛

酒井能登守殿

覚

去ル十二日大木戸村江着仕候。十三日入合（会）野村之百姓共呼寄、詮議仕候処、右之馬牽廻し見候得ハ、先日見分之通、前足両とも二不自由ニ相見へ申候由申候。然共痛之様子、先日ゟハ心持快様ニ相見江申候由申候。馬医抔も掛（駆）ヶ様子見せ申候。いぬたてせんし、節々洗申候。内薬も為用申候。馬立居之儀、昼之内ハ倒不申候。夜ニ入九ツ過ゟ倒起申候時分、其侭差置申候ハヽ、起可申躰ニ相見へ申候得共、両人側江寄、起候得ハ、軽く起申候。かゆも能被下候。馬医申分為致書付申候。三橋清左衛門様ゟ御差図ニ而、一日両村ツヽ寄合、人出し飼置候様ニと被仰付候。昼弐人夜四人ツヽ、附置申候。馬弥大木戸村ニ差置申候様ニと申付、馬屋も念を入、弥大切ニ飼置候様ニ申付、相替儀候ハヽ、段々注進仕候様ニ申付罷帰候。此外相替儀無御座候。以上。

八月十四日

小幡源太郎内
秋元彦八郎
小幡兵左衛門内
鈴木善八郎

口　書

去ル十二日大木戸村江着仕候。十三日入合（会）野村々百姓共呼寄、詮議仕候処、右之馬引廻し見候得ハ、前足両共ニ不自由ニ相見江申候。然れ共、痛之様子、先日ゟハ心持快様ニ相見江候由申候。馬医抔も懸（駆）ヶ様子為見申候。犬たで煎候。節々洗ひ申候。内薬も為用申候。馬立居之儀、昼之内ハ倒不申候。夜ニ入、九ツ過ゟ倒起申候時分、其侭差置候ハヽ、起可申躰ニ相見江申候へ共、両人側へ寄、起し候へハ、軽く起申候。かゆも能被下候。馬医申分為致書付申候。三橋清左衛門様ゟ御差図ニ而、一日両村ツヽ寄合、人出し飼置候様ニと被仰付候。昼弐人夜四人ツヽ、附ヶ置申候。馬弥大木戸村ニ差置候様ニ申付、馬屋も念を入申付、弥大切ニ飼置候様ニ申付、相替儀候ハヽ、段々注進仕候様ニ申付、罷帰候。此外相替儀無御座候。以上。

小幡源太郎内
　秋元彦八郎花押

八月十四日
　松波六右衛門様御内
　　鎌田兵助殿
　　　新島直右衛門殿

辰七月廿四日上総国市原（山辺・以下略）郡大木戸村大野之内江、栗毛馬一疋参、在之候。三橋清左衛門知行所越知（智、以下略）村之庄屋見出し、入合（会）九ヶ村江段々申通候。

水野周防守組
　小幡太郎左衛門
北条伊勢守組
　小勝源太郎
千石因幡守組
　本郷庄三郎
同組
　桜井清右衛門
大久保玄蕃頭組
　大河原源五衛門
相間
　神谷源兵衛

同
大道寺権内

右両人注進之通、八月十一日若狭守殿ゟ被申聞。

上総国大木戸村入相（会）野江捨馬ニ付、詮議仕候覚書　高木伊勢守
藤堂伊予守

上総国市原郡大木戸村九ヶ村入相（会）野捨馬僉議仕候内、永井宮内知行所上総国市原郡大木戸村九ヶ村入相（会）野捨馬僉議仕候内、永井宮内知行所国府関村助右衛門と申百性当七月十八日之夜だうきやうじ台と申所江馬捨申候由、宮内方より書付差出し申候。依之助右衛門召寄、僉議仕候処、御法度之御触、当年三度迄承、一度ハ地頭宮内家来遣申渡シも承候。尤御高札も村々建申候を見候由申候。左候ハ、如何様之心入に而捨候哉と相尋候得ハ、何心もなく御法度之儀も存出シ不申、用ニ不立馬故、捨候由申候。悴権四郎ニハ翌十九日為申聞、前方ニハ為知不申候由、親助右衛門申候ニ付、権四郎拷問ニ而相尋候得共、助右衛門同前ニ申候。

一　右捨馬以後、入合（会）野村ゟ近村江詮議ニ遣、村々ゟ手形取申候内、彼捨馬仕候国府関村之太郎左衛門と申者名主留守之内捨馬主無之由手形遣シ候ニ付、捨馬之主助右衛門と前方申合候儀も有之候哉と、拷問仕相尋候へ共、左様之儀ハ無御座候。何心も無之手形を誤り候由申候ニ付、籠舎申付置候。

以上。

辰八月廿六日
高木伊勢守
藤堂伊予守

上総国市原郡大木戸村九ヶ村入相（会）野捨馬僉議仕候覚

右大野ニ而当七月廿四日之朝、越知村之百姓両人馬草苅ニ参り候得ハ、主なし馬見付ヶ申候。右之馬肩ぬけ足も痛申候躰ニ而居申候ニ付、則越知村名主江為申聞、地頭江も注進仕、九ヶ村江相触、名主共立会、相談仕、一ヶ村ニ三日三夜宛養申筈ニ相極メ、順番ニ六ヶ村迄ハ牽参り、養申候内、大木戸村ニ厩を作り、今以九ヶ村百姓共持寄、養育仕置候。右之馬僉議之内、永井宮内知行所上総国国府関村之百姓助右衛門と申者右馬捨候ニ付、搦置、宮内方ゟ其段書付差上候。彼助右衛門幷悴権四郎、尤所之者共も召寄、遂僉議候処、助右衛門申候ハ、去年極月晦日同村与左衛門方ゟ買申候得共、両肩抜ヶ用ニ立不申馬にて候故、当七月十八日之夜たうきやうし（ママ）台と申所江捨て候由申候。此方ゟ助右衛門ニ相尋候ハ、生類あわれミの御触幷捨馬御法度之御触、其上捨馬之義、御法度之御高札村々ニ建有之を見申候哉と僉議仕候処、御法度之段々地頭ゟ申付候由ニ而、名主方ゟ当年も三度急度申渡、一度ハ地頭宮内家来も差越シ申聞承、判形をも仕候。御高札も村々建有之ニ付、見申候。前々被　仰出候ハ牛馬はこくみ兼候者有之ハ、地頭方ゟはこくみ申筈ニ候。其段不承候哉と相尋申候得ハ、其儀も承り候由申候。左候ハヽ、名主迄も右之馬用ニ不立由可申儀ニ候処、大切成捨馬仕候段、如何様之心入ニ而捨申候哉と相尋候得は、何心も無御座、御触之義も心付不申、用ニ立不申候故、当七月十八日之夜捨申候。悴権四郎ニハ前方不申聞、翌十九日為申聞候由申候。権四郎拷問仕り相尋候処、親助右衛門申通り、前方不承、翌十九日承候よし申候。右之両人籠舎申付置候。捨馬有之候以後、右入相（会）九ヶ村之内ゟ近村江人遣シ、右捨馬主ハ無之哉と、村々ゟ手形を取申候。然ル処助右衛門在所国府関村江も其通り申遣候処、其節名主ハ御当地ニ罷在、留守之内、名主弟太郎右衛門と申者左様成馬失ひ申者曽而無之由、手形遣シ申候。村中吟味も不仕、右之致方不届ニ付、助右衛門ニ致一身、為捨候哉と拷問仕、相尋候得共、其段毛頭不存候由申候。其節急ニ手形呉候様ニと望候故、何心も無御座、手形認、遣候由申候。大切成義を軽く存、五人組抔ニも不申聞、手形遣候段、不届ニ付而、先籠舎申付置候。以上。

八月廿六日

高木伊勢守
藤堂伊予守

第四節　甲斐国八代郡下などの詮議

（一）八代郡下の事件について

本史料は、博労による捨て馬事件である。付札として、（旗本）新庄三次郎知行所の甲州（八代郡）大鳥居村・与次右衛門白状の口書と題され、すでにお馴染みの高木伊勢守（大目付・道中奉行）と藤堂伊予守（大目付）の名が付され、確認したことを意味している。同村の博労・与次右衛門の口書によれば、まず与次右衛門が捨てた馬をどこから買ったのかと尋問されて、藤池村（不詳）の市郎左衛門から銭一〇〇文で買ったと答えている。この馬は鹿毛男馬三尺八、九寸程あり、一〇歳より上に見え、右の後足が痛み、眼も悪かった。そこで与次右衛門は、この馬を買いたいと思う者があれば、この馬を遣わそうと思って、（八代郡）浅利村へ牽き参ったが、耕作の時期で騒がしい頃であったので、この馬を見る者もなかった。尤も買おうとする者がいない故に、六月初めで日は覚えていないが、浅利村の芝野へ自分一人で捨てたというのであった。この日付は巳の二月五日とあり、勘案すれば、元禄二年（一七八九）と考えられる。

与次右衛門が白状したので、籠舎に差置いたという。さらに与次右衛門の子供たちにも処置が待っていた。即ち佐兵衛二九歳、儀右衛門二四歳、兵太郎一八歳の三名は揚屋に留置され、さる一〇歳は幼少なので、新庄三次郎方に預け置かれた。高木と藤堂は、この四人に対して親の与次右衛門が馬を捨てたことを知っていたかと訊ねたが、毛頭知らないと言ったという。この両名による報告書の書付の日付は同年二月六日付であった。なお幕末の村高を示す『旧高旧領取調帳　中部編』（近藤出版社、一九七七年）によれば、大鳥居村の村高は九三七石一斗八升五合一夕であり、浅利村は相給で市川支配所が四六九石八斗八升二合、諏訪大神領が七石五斗九升九合、法久寺領が一石七斗二升である。大鳥居村及び浅利村は現山梨県中央市に含まれる。

この取調べは相も変わらず自白第一主義であり、これは兎も角としても、親による捨て馬を知らなかった一四歳以上の息子達や、取り分けそれ以下の子供にも留置の処置を行っていることには縁座法であろうが、疑問を感じざるを得ないのである。

解読史料⑨

付札

新庄三次郎知行所甲州大鳥居村 与次右衛門白状之口書	高木伊勢守 藤堂伊予守

新庄三次郎知行所甲斐国大鳥居村

馬喰　与次右衛門申口

私捨候馬何方ゟ買候哉と御尋被成候。（脱落カ）藤池村市郎左衛門方より鹿毛男馬三尺八九寸程有之、拾歳之上ニも成可申候。右之跡（後）足痛、眼も悪敷候を銭百文ニ而買候而、又買候者有之候ハヽ、可遣と存、浅利村江牽き来り候へとも、作時之鬧敷節故、見申者も無御座、尤買候者無之候故、六月初（アキ）、日ハ覚不申、浅利村之芝野へ私壱人ニ而捨申候。以上。

巳二月五日

大鳥居村馬喰
　与次右衛門

右之与次右衛門白状仕候。依之籠舎ニ而差置申候。

与次右衛門悴

此三人揚り屋江
差置申候。

左兵衛　廿九才
礒右衛門　廿四才
玄太郎　十八才

是ハ幼少故、地頭新庄
三次郎方ニ預ヶ置申候

さる　十才

右四人之悴共江、親与次右衛門馬捨申候段存候哉と相尋申候処、毛頭不存候旨申候。此外与次右衛門男子無御座候。以上。

巳二月六日

高木伊勢守
藤堂伊予守

（二）不明国の詮議

鵠洞村（?）なる又左衛門という百姓の捨て馬事例であるが、国名・郡名とも記載はない。年代はただ「卯」とあるのみであり、代表的な生類憐み令が出された貞享四年（一六八七）であろうか。八月一七日に又佐衛門が捨て馬を行ったことが紛れもないこととされた。初めは思いもよらないことと述べていたが、拷問の末、有体に白状した。以前にはこの馬を従弟の方へ預ける積りと考えて、馬を連れ参ったと申上げたが、そうではなかった。実はこの馬は足を痛んでおり、役に立たないので、召連れて出掛けようとした際に、捨て申す覚悟で罷り越し、「かめいの原」へ捨ておいたと申した。この馬を探していると申上げたのは三十郎なる者にしつこく頼まれて申したことであり、以後は探したと申したけれども、捨てた馬はいなかった。この三十郎の（欠字）のために探しただけである。以上の内容に付き、連名で爪形証人として鵠洞村名主の清右衛門が判形し、又佐衛門は爪印を押していた。この日付は、卯年四月二九日であった。

以上の又佐衛門の申口の通り承り、相違ない旨を名主・組頭（二名、一名欠字）、そして五人組（四名）までも判形を行い、高木伊勢守・水野伊豆守・中山丹波守、及び役人中へ差し出していた。この高木伊勢守守勝（兼道中奉行）、水野伊豆守守政、中山丹波守直守の三名は大目付であり、同時期に在任していた時期を勘案すると、この文書の卯年というのは貞享四年（一六八七）となり、明確となる。

解読史料⑧

拷問ニ而又左衛門白状

八月十七日右之馬捨申候ニ紛レ無御座候。最初ハちんじ申候得共、拷問之上、有躰ニ白状仕候。最前ハ従弟之方江預ヶ可申と存、馬連参り候と申上候得共、左様ニ而ハ無御座候。右之馬足痛、役ニ立不申候故、召つれ罷出候砌り、捨可申覚悟ニ而罷越、かめいの原ニ捨置申候。右馬尋申候と申上候儀ハ、三十郎ニねたられ申候而、以後尋申候得共、捨申候馬無御座候。右三十郎方江之□□（欠字）のため尋見申候。

卯四月廿九日

つめ形證人名主

清右衛門印

鵠洞村

右又左衛門申上候通、承届相違無御座候。為其名主・五人組迄判形仕、差上申候。以上。

又左衛門爪印

名主　清右衛門印

組頭　（欠字）印

同　左兵衛印

同　十郎兵衛印

五人組　小兵衛印

同　六左衛門印

同　九郎兵衛印

同　次郎兵衛印

高木伊勢守様

水野伊豆守様

中山丹波守様

御役人衆

第五節　小括

以上、他領他支配に亘る生類憐み令に係わる捨て馬事件につき、その取調べと裁判に係る問題を検討してきたが、事件の発端では他支配間や相給村間に捨て馬があり、一方の領主から江戸の留守居を通じて老中方へ事件の連絡があったことが勘案され、評定所首座である老中方から道中奉行を兼ねていた高木伊勢守（兼大目付）、及び大名に対する権限を有する大目付の藤堂伊予守へ捨て馬主の穿鑿が命じられている。但し事件の度毎に高木・藤堂が在地に派遣されたのかどうかは疑問があるが、高木・藤堂の名によって吟味が行われ、疑しい場合には拷問も行われ、裁判や刑罰の如何については老中方の意見を伺うことが明確となった。生類憐み令に係わる捨て馬事件には、幕領や個別藩などの知行所に亘る他領・他支配（相給村など）関係の取調べ・裁判についての幕藩法関係を読み取ることができるのである。因みに事例⑧と⑨は特定の村に係る捨て馬の事例であるが、生類憐み令に違反する捨て馬をめぐる幕府・大目付、個別の知行所・個別の村に亘る取調べ・裁判の方向性は明確であった。但し、大名の所謂手限仕置権によって領内の武士や百姓・町人などを処罰できることは、既に指摘したように言うまでもない。なお、喜多見重政と生類憐み令との係わりの重要性を再度指摘しておきたい。

本章では信濃、下野、上総、甲斐などの捨て馬事件を扱ったが、事件の性質を反映して、他領へ捨て置き、相給村の場合には他支配の地へ捨て置き、あるいは「徘徊馬」として幾つもの領地に関係することとなる。このような場合には、領主間での捜索や吟味は非常な困難が予想されるのである。従って、領主の内から留守居を通じて、生類憐み令の条文に見るようにまずは道中奉行を経て老中方へ報告が行き、老中方から大目付方へ「老中方への伺いと意見を参酌の上での」吟味・裁判が命じられるのである。この際、報告書を確認した老中方から一定の刑罰が大目付方へ示される場合や、大目付方から特定の刑罰につき伺いが立てられる場合がある。なお他領の取調べや裁判に何故大目付方が命じられるかといえば、大名を直接統制しうる権限は大目付にあるからであり、大目付の一人に道中奉行を兼任させた意味も理解しうるのである。

ここで一括して述べることになるが、捨て馬事件においては割と生類憐み令に関する知識や意識を尋問されていた。その多くの百姓たちの答えは、普段の生活では高札などでよく見知っていたが、いざ捨て馬があって養育する余裕がなく、あるいは自分の馬が役に立たなくなった場合には生類憐み令の遵法意識は（何心なく）消えてしまうというのであった。このことは、百姓一揆の禁令に対する百姓たちの法意識と同様に、幕府の全国的な法令を検討する際に注目されねばならない点であるように思われる。

かくして他領・他支配に亘る生類憐み令を「捨て馬」の事例を通じて具体的に取調べの実態が明らかにされた。即ち、他領他支配間に亘る捨て馬事件は、在地の領主から老中方へ伝えられるが、幕府の評定所首座としての老中であって、老中から道中奉行兼大目付の高木伊勢守と、大目付の藤堂伊予守とが一体として二人の名によって詮議することが命じられ、両名による詮議の結果（報告書）に基づいて、評定所が刑罰を命じ、あるいは評定所で穿鑿の上、刑罰が言い渡されることになるということである。

注

（1）前掲橋「綱吉政権期の捨馬札」五三～五四頁。

第三章　大坂町奉行による豊後の倒牛事件の吟味と裁判

この被差別民が係わった事件は、表面上は他支配関係に亘るので、すでに伝奏屋敷の隣に館が出来ていた評定所が管轄と観られるが、史料では評定所という言葉が見えず、老中宛の文書となっている。愚考すれば、この事件は他領他支配間の訴訟であると共に、幕府の重要な法令に違反する事件として見られたのではないか。評定所首座の老中方の方針は、九州地方の事件ということがあり、遠国奉行の一つである大坂町奉行に実質的な取調べ、及び裁判を命じたものと考えられる。この取調べが持つ意味は極めて重要であり、武士・百姓・町人の各身分の場合と比較して、生類憐み令の身分制的特質といったものが浮き彫りになると期待される。

生類憐み令に触れた被差別民の場合をより詳しく論じてみたい。先の「千阪随筆一」所収の木下縫殿助領分豊後国立石領岩薬師河原で被差別民が係わった「捨て牛事件」は、大坂町奉行（西町）の能勢出雲守頼相が取調べている（但し実際の取調べは与力）。裁判管轄の上で重大な事件は原則として老中（実際は三奉行：勘定奉行、寺社奉行、江戸町奉行）や評定所などが扱うが、地方における裁判は京都所司代・大坂城代から次第に遠国奉行や代官・郡代（中後期）が実質的に行うようになった。他領・他支配関係は評定所が管轄するとの指摘がある。(1) 実際に他領間の重大事件では当該の藩から江戸の留守居に連絡し、留守居から評定所首座の老中へ報告されるのである。(2) また西国郡代（当時は未だ日田代官）が裁判を命じられた御料・諸藩に係わる変死事件でも当該藩は江戸へ「不時便」を差立てており、留守居から老中へ報告されたものと考えられる[3]。

本史料の全体は大坂町奉行の能勢出雲守頼相が元禄二年（一六八九）四月五日付で老中の大久保加賀守忠朝（下総国・佐倉藩）・阿部豊後守正武（武蔵国・忍藩）・戸田山城守忠政（武蔵国・岩槻藩）・土屋相模守政直（常陸国・土浦藩）への報告、並びに自己が行う裁判のための措置の伺書の体をなしている。

多田源氏の流れを汲む能勢頼相は、大坂町奉行の後、江戸町奉行（南町）となる（後職・辞任）。頼相は、生類憐み令関係では、南町奉行の元禄九年（一六九六）五月に勘定奉行の稲生伊賀守正照（前職・作事奉行、後職・寄合）と共に立会って犬小屋を造立し、町々から「犬扶持」を納めよという町触を北町奉行の川口摂津守宗恒（前職・長崎奉行、後職・辞任）と共に出している。なお頼相は元禄七年の「鹿の巻筆」をめぐる処分抑圧でも名高い[4]。

この一連の史料群の最後に、「覚」及び「口上之覚」として、貞享四年〈一六八七〉正月の先に述べた生類憐み令（付「口上之覚」）が挙がっている。但し字句には若干の変動があるが、趣旨には変わりがない（「補章」参照）。この事件を詮議するための直接の法的指針となったものと考えられるので、前もって指摘しておきたい。

第一節　「豊後国立石領岩薬師河原病牛一件」の構成

本史料の順に従って大要を述べたい。

①　この報告・依頼書を送った際の老中方へ届けた挨拶文である。

去月廿七日之御覚書奉拝見候。捨牛仕候捨主幷親兄弟共二月廿七日之夜当地之籠江入置申候間、弥以遂穿鑿注進可仕旨、先頃申遣候得共、其以後注進不仕、以委細遂詮議具ニ可申上由被仰下、奉其旨存（存其旨）候。右牛之儀捨主江売渡候博労弐人小笠原修理太夫領分豊後（前）国之内罷在候ニ付、此者共之口（脱・書）をも承届候上ニ而注進可仕と奉存、修理太夫当地蔵屋敷留守居之者申、早速呼ニ遣候得共、海上風悪敷、先月廿二日之夜着船仕、翌廿三日召出、遂吟味申候。右之通御座候ニ付、注進延引仕候。委細別紙申上候。恐惶謹言。

四月五日

能勢出雲守

頼相花押

大　加賀守様

阿　豊後守様

戸　山城守様

土　相模守様

忝尊答

これによれば、元禄二年（一六八九）三月二七日付の老中方の覚書を拝見したこと、捨て牛を行った牛主、並びに親兄弟共に、二月二七日の夜に当地（大坂）の牢に入れ置いたので、いよいよ穿鑿を遂げて注進するべき旨を申し遣わしたが、それ以後は注進せず、委細に詮議をして詳しく申し上げる由を仰せ下され、その旨を弁えた。この牛につき、捨主へ売渡した博労二人は小笠原修理太夫領分豊後（実は豊前）国の内に居るので、この者共の口書を取った上で老中方へ御届したいと存じていた。小笠原修理太夫とは小笠原長胤のことで、官位は従五位下・修理大夫、豊前国中津藩三代藩主である。小笠原修理太夫の大坂蔵屋敷留守居の者が申すに、早速呼びに遣わしたが、海上風悪く、二月二二日の夜に着船した。能勢出雲守は翌二三日に召出して吟味を遂げた。このような次第で老中方への注進が遅れたが、委細は別紙で申し上げるという(能勢出雲守の署名と花押付)。

② 能勢出雲守が老中方へ報告した「病牛一件」に関する確定した重要な事実と処置を述べている。木下縫殿助領分豊後国立石領岩薬師河原に病牛が捨てられていたので、当地において穿鑿を仰せ付けた。

この速見郡の立石領とは、豊後国日出藩(三万石、木下氏)から五〇〇〇石(立石五か村、向野三か村)を分知された初代木下延由以来の領地である。これが幕府によって認知されたのは寛文四年(一六四四)であるという。延由家の家格は交代寄合(任意に参勤交代を行う)の旗本である。延由の父・延春は秀吉の正室・高台院の甥で、その正室は細川幽齊の娘であった。この「病牛一件」の頃の立石領主が木下重俊か栄俊かは未検討である。

速見郡立石領は廃藩置県まで存続し、「元禄郷帳」によれば、立石中村七一五石七升八合、米子瀬村七六三石七斗七升八合、穴太郎村八五三石九斗三升七合、山口村一〇六七石四斗八升八合、薫石村四〇五石九升六合、松尾村四六八石二斗一升一合、平山村四三六石四斗一升二合、吉野渡村二〇九石で、計八か村の惣高は五〇〇〇石である(『大分県史　近世篇Ⅱ』大分県、一九八五年)。

また木下縫殿助が穿鑿を命じられたことを木下右衛門太夫が知り、所領が近いので領内を吟味した。木下右衛門太夫とは、日出藩三代藩主・俊長(二万五〇〇〇石、従五位下・右衛門太夫)である。右衛門太夫が領内の吟味を命じると、同国速見郡広瀬村穢多・助六という者が牛主と判明したので、右衛門太夫は助六並びに親兄弟のあわせて五人を大坂へ差登らせ、立石領の鍛冶屋「村」穢多勘三郎・同弟岩吉の二人もこの病牛の事情を知っている様子だと、豊後国において助六が申し出たので、縫殿助の家来が勘三郎・岩吉も追って大坂へ差し登らせる旨を申し越している趣旨は、能勢出雲守が元禄二年二月二八日付の書付で詳しく老中方へ申上げたという。さらに勘三郎・岩吉が同二月末日に大坂へ到着したので、能勢出雲守は段々詮議を行ったという。なお広瀬村は「元禄郷帳」によれば一六七〇石一斗一升である。

さらに、この病牛につき、助六が去年（元禄元）一二月一六日に小笠原修理太夫領分の豊後（豊前）国宇佐郡飛田村博労・権四郎、及び同郡矢部村博労・又左衛門と申す者方で買い取り、翌一七日に広瀬村へ牽き帰った際に、途中の立石領でこの牛が「早風」に遭って倒れてしまったことを助六が申したので、権四郎・又左衛門の申口をも承って届けさせるべく、この両人を大坂に呼び登らせるように修理太夫の大坂蔵屋敷留守居の者へ元禄二年二月二九日に申渡し、即刻申し遣わした。しかし海上風悪く、漸く三月二二日の夜に両人が来着し、翌二三日に召出して牛買いをした様子を訊ねた処、助六が申したことに相違はなかった。

能勢出雲守は以上の通り承った口書と共に帳面二通へ書き記して老中方へ差上げ申上げる、という内容である（元禄二年四月五日付）。

③　次に「覚」として、能勢出雲守は自らの裁判のために、以下の者たちに関する簡潔な罪状や関係状況を記して、老中方の意見を願い出ている。

「病牛主木下右衛門太夫領分豊後国広瀬村穢多　助六」二〇歳、「病牛初中後之様子存知罷在、委細口書ニ相見へ申候。　右同断助六弟　三太郎」一六歳、「右同断　木下縫殿助領分豊後国鍛冶屋村穢多　勘三郎」一九歳（鍛冶屋村とあるが、独立村ではない）、「右同断　右同断勘三郎弟　岩吉」一五歳、「病牛之様子曽而不奉存由申候。委細口書ニ相見へ申候。　右同断勘三郎弟　虎吉」一二歳、「病牛之様子当正月初而助六申聞承候。今度在所ニ而病牛穿鑿之儀も被搦、以後承知候由申候。委細口書ニ相見へ申候」。「木下右衛門太夫領分豊後国広瀬村穢多助六父　伝蔵」五七歳、「病牛之儀、助六終不申聞候故、様子不奉存候由申候。委細口

書ニ相見へ申候」。「右同断助六兄　卯之助」二六歳、「右同断　右同断助六弟　秋助」一二歳。以上の八名は大坂の牢獄に入れ置いた。

「助六母　伝蔵女房」、助六弟「彦九郎」七歳、同妹「七」九歳、以上の「三人木下右衛門太夫領分豊後国広瀬村ニ押込置候よし、右衛門太夫より申来候」とあった。

「松平市正御預ヶ所豊後国真玉とく路く村穢多助四郎女房　けさ」二五歳は国東郡真玉（現豊後高田市）の助六姉で、とく路く村（後の徳六村カ）へ預け置くようにと、松平市正の大坂蔵屋敷留守居の者へ申渡した。松平市正とは松平英親のことで、官位は従五位下・市正、豊後国高田藩二代藩主で、後に同国杵築藩初代藩主に転じる。「助六姉　女郎」二二歳、この者は四年程以前に豊後の国東郡都甲谷の穢多・徳三郎方へ縁付いたが、不縁となり、その年に親伝蔵方へ帰り、程なく逐電し行方知れずと親伝蔵が申している。「松平主殿頭領分豊後国（都・脱）甲谷新庄村穢多助六腹替之兄　彦四郎」三三歳、この者は助六父伝蔵が速見郡新庄村の伯父仁右衛門の娘を先年自分の妻に呼び入れ、三一年前に離別した。その際に懐胎しており、仁右衛門方にて彦四郎が出生した。彦四郎は仁右衛門の跡を相続している。彦四郎は助六の異腹の兄である故に、新庄村に預けて差置くようにと主殿頭の大坂蔵屋敷留守居へ能勢出雲守は申渡した。

「木下縫殿（助）領分豊後国鍛冶屋村穢多　勘三郎母」と「勘三郎妹壱人　つま」の二人は立石領で「牢舎」を申し付けたと、縫殿助家来から申越した。

能勢出雲守は、裁判のためにこの一五人の者たちの処置を老中たちに伺っている。因みに穢多身分の婚姻は藩領を越えて同身分と縁付いており、近世の身分制的婚姻制度の一環をなしていた。また能勢出雲守は今後も取調べもあろうかと思料して、大坂で「留置」している者たちを挙げている。「木下縫殿助領分豊後国立石喜多之原町之町頭　白木屋弥次郎」は「病牛見付候者」。「同所杖ヶさこ（迫）村肝煎　七助」は「病牛有之所江出合候者」。「同所上村組大庄屋助左衛門子　半三郎」、「同所山口村小庄屋　四郎左衛門」、「同所松ヶ尾村白（伯）楽　小兵衛」、「同所徳清田村博労　五左衛門」はいずれも「右同断」とあり、そこへ掛けつけた者というのである。「同所鍛冶屋村小庄屋　九郎兵衛」は「鍛冶屋村勘三郎を此者所江呼寄、病牛之儀尋候処、不存候由、勘三郎申候ニ付、重而強く吟味も不仕候由申候」とあり、吟味の詰めについて容疑が出ていた。「小笠原修理太夫領分豊後（前）国飛た（田）村博労　権四郎」と「同所矢部村博労　又左衛門」は「助六ニ牛を売申候」というのであった。

能勢出雲守は、この九名の者たちの処置も老中たちへ願っている（元禄二年四月五日付）。出雲守は老中たちの仰せを判断して、大坂で裁判するものと勘案される。但し、この史料群には能勢出雲守の裁判結果は含まれていないのである。

④「口上之覚」（元禄二年二月一九日付）として、助六父伝蔵、本人助六、助六兄・卯之助、助六弟・三太郎、助六弟・秋助が挙がっている。

伝蔵「従類」として、上記以外の者たち五名が挙っており、広瀬村以外の他村の庄屋に預け置いているという。次が、病牛の牛主の弟・三太郎が二月二五日に船中で話した「口上之覚」である。この後は、広瀬村小庄屋・彦十郎が大庄屋と共に助六などを詮議した旨の書付である。

⑤　次は、「木下縫殿助知行所豊後国速見郡立石村ニ倒有之候牛主未相明知以前、立石領之者共」を大坂へ呼寄せて吟味した記録である。

この立石村とは立石中村のことである。「木下縫殿助知行所豊後国速見郡山香内立石村岩薬師河原ニ病牛倒有之詮議之一件、牛主未分明以前致吟味候覚」とあり、「立石村より大坂江召登せ候者共」として以下の八名が挙げられている。木下縫殿助家来郷方役人・小野伊右衛門、同人家来郷廻足軽・後藤弥五右衛門、同人知行所喜多之原町町頭・白木屋弥次郎、同断杖ヶ迫村肝煎・七助、同断上村組大庄屋助右衛門子・半三郎、同断山口村小庄屋・四郎左衛門（「半三郎大庄屋役未相勤候其内支配人」）、同断松ヶ尾村伯楽・小兵衛、同断徳清田村博労・五左衛門である。この八人の「口上」が列記され、この後に能勢出雲守の元禄二年（一六八九）四月五日付の書付が付されている。

⑥　最後の史料群は、「木下縫殿助知行所豊後国立石村ニ倒有之候牛主相知、本人其外一件之者共大坂江召寄、遂吟味候口書帳」である。牛主が判明し、本人その他一件の者共を大坂に呼び寄せて、吟味を遂げて作成された口書帳（供述書）である。

これには、先の助六、同弟三太郎、勘三郎、同弟岩吉、博労の権四郎、博労の又左衛門、助六親・伝蔵、助六兄・卯之助、助六弟秋助・勘三郎弟虎吉（連名）の各「申口」が載せられている。末尾には、「右之者共遂詮議候処、前後申状無相違、又少々相違仕茂御座候ニ付、度々召出、段々穿鑿之上、相聞候趣如件御座候。以上。巳四月五日　能勢出雲守」とある。能勢出雲守は以上の「申口」を取った者達を詮議した処、前後申状に相違なく、少々相違している点もあったので、度々召出して段々穿鑿の上、相聞えた趣旨はかくの如くであると、署名していた（元禄二年四月五日付）。

第二節　立石領岩薬師河原での倒牛事件

史料群の「口上之覚」は、木下右衛門太夫の日出藩領内の取調べ記録である。また同じく「口上」は「倒牛」の持主が判明しない段階での木下縫殿助の立石領内での取調べの記録である。「口上之覚」と「口上」との違いは、「口上之覚」とは在地で何を話したかについての聞取りであり、「口上」とは在地での取調べによる供述であると勘案している。

(二)「口上之覚」を通じて

① 「助六親伝蔵口上之覚」(元禄二年二月一九日付)によると、伝蔵は牛を持っていなかった。そこで忰の助六に銀子を持たせ、元禄元年(一六八八)一二月一五日に豊前国宇佐郡の宇佐原という所に縁者がおり、そこに売り牛があると承ったので、買いに遣わしたが、最前の牛は売られていなくなったという。翌一六日に助六が帰ったので、銀子はどうしたのかと尋ねた処、銀子は縁者共方へ預けておいたと言い、牛買いのことにつき進展はなかったという。

その後、元禄二年一月七日に立石領の穢多・勘三郎が伝蔵の所へやって来て言うには、立石領の岩薬師河原に助六が捨て置いた牛が死んだので、埋め置いたのを掘り出して、皮を剥いだことについて申した。伝蔵はそのことをかつて助六から聞かせてもらっていなかったので、今まで知らなかった。左様のことならば、その皮を伝蔵方へ呉れるように勘三郎へ言うと、勘三郎はこの皮を遣わすことは罷りならぬというのであった。

② 「本人助六口上之覚」(同年二月一九日付)によれば、伝蔵は牛を持っていないので、牛を買って参れと申し付けられて銀子を渡された。助六は元禄元年一二月一五日に在所(速見郡広瀬村)を出発し、豊前国宇佐郡長須(現宇佐市長洲カ)に売り牛があることを知っていたので、長須の穢多・善吉の所へ行ったが、この牛は売らないというので帰ろうとした。善吉は助六に宇佐郡矢部村(現宇佐市上矢部・下矢部)へ行って聞いてみるように言った。助六はそこへ向かう途中で同郡飛田村(現宇佐市樋田カ)を通った処、権四郎なる者が言うには矢部村の又左衛門なる者が人を突いた赤毛の男牛を持っており、この牛を売りたいと予て

言っていたので、助六は権四郎の肝煎によって又左衛門の牛を銀子一三匁で買った。助六はこの牛を受け取って帰る途中で大雪が降り、牛は立石領石（岩）薬師下の河原で倒れ伏した。助六は近くの立石領鍛治屋（村）の穢多・勘三郎の所へ行ったが、不在であった。同人弟の岩吉がいたので、助六は「其方此牛少能成候ハ、、何卒連寄置呉候様ニと」頼んだが、岩吉は兄がいないので迷っていたが、助六は弟の勘三郎（三太郎）が追っ付け帰ってくるので、深く頼み込んで帰宅した。

伝蔵が助六に牛を買ったのかと尋ねたので、助六は、牛は手元になく、銀子は先の善吉に預け置いたと話した。その後、助六は勘三郎の所には参らなかった。やがて勘三郎が助六の所に参り、例の牛が死んで埋めて置かれ、暫くの後これを掘り出して皮を剥いだと申したので、助六はならばその皮を此方に呉れるように言ったが、勘三郎はこの牛の皮を遣わすことは罷りならぬというのであった。立石領の落ち牛を拾う権利（草場取捌権）を立石領の穢多（勘三郎達）が有していたものと考えられる。(5)

③　助六兄・卯之助の「口上之覚」（同年二月一九日付）によれば、病牛が死んだ頃、卯之助は他所から父・伝蔵を見舞いに行く途中で、先の勘三郎の所に立ち寄った。その際は勘三郎が赤牛の皮を剥ぎ、庭の中へ持って来ていた。卯之助は何処の牛の皮だと尋ねたが、勘三郎は死んでいた牛の皮だといい、具体的なことは分からず仕舞いだったという。

④　助六弟・三太郎の「口上之覚」（同年二月一九日付）によると、三太郎は父・伝蔵の使いで豊前国宇佐郡長須に銀子を借りに遣わされ、長須の穢多・平助から銀子二〇匁を借り、帰宅途中の立石で勘三郎が牛を掘り出している所に通り合わせた。勘三郎から加勢してくれと言われて合力して掘り出し、皮を剥ぐ手伝いをした。そこから直ちに在所へ帰った。その牛の前後のことは存じないという。帰る途中で立石領の杖ヶ迫村で兄卯之助と会ったが、この牛のことは話さなかった。

⑤　助六弟・秋助の「口上之覚」(同年二月一九日付)によれば、「捨牛」のことは少しも知らず、毎日山で薪を伐り、また田畑を作っている所に参っているので、勘三郎が自宅に来たことも知らないという。

さらに「広瀬村穢多伝蔵従類」として、以上の者たち以外に、五名の者が挙げられている。即ち「伝蔵女房女壱人　伝蔵子九歳女子壱人　伝蔵子当歳男子壱人　卯之介(助)女房女壱人　卯之介(助)子当歳男子壱人　右五人他村庄屋ニ預ヶ置申候。以上。二月十九日」。親伝蔵の妻、伝蔵の九歳と〇歳の子、兄卯之助の妻、卯之助の〇歳の子は広瀬村とは別な他村の庄屋に預けられていた。なお「覚」として、本人助六、本人親伝蔵、本人兄卯之助、本人弟三太郎、本人弟秋助の名前が記されている。

⑥　三太郎が元禄二年二月二五日に船中で話した「口上之覚」(二月二六日付)によると、長須へ行く際に同所で兄の助六から同道するように言われ、連れ立って立石の鍛冶屋村の勘三郎の所に立寄り、勘三郎も豊後国の国東郡真玉へ行く用事があるというので、三人連れで豊前の一ツ屋という所へ来たが、勘三郎はここから真玉の方へ行った。二人は豊前国のねこ橋という所まで来た。ここで助六は宇佐原路へ参り、三太郎は長須道に分かれて長須の穢多・平助に銀子を借り、一宿した。三太郎は翌日帰途につき、鍛冶屋村勘三郎の所へやって来た処、勘三郎の弟岩吉が言うには、助六が豊前国長須で買ったという牛を先程岩薬師まで牽き参ったが、煩っており、在所まで牽き参ることが出来ず、河原に置いたままであるという。三太郎も追っ付け豊前の長須から来る筈なので、来た際には牛に付き添って養生致し、少し良くなったならば、牽いて帰るようにと助六が申し置いたという。三太郎は早速この牛が伏し居るという場所へ行って見た処、菰が着せられていた。直ぐ立ち戻って、勘三郎の所で大豆を借り受けて煮立て、暮時分に牛の所へ行って見ると、その内に牛は死んでしまった。

三太郎はまた勘三郎の所に行って一宿し、翌日に勘三郎が帰宅するまで逗留した。勘三郎は帰って来て、この牛のことを始終承ると、勘三郎は暫く出掛けた後に帰って来て、三太郎へ言うにはこの死牛の皮を剥ぐことは「不苦事ニ候間」、埋め置いた牛を掘り出し掃き清めるので、手伝いをするようにと申した。三太郎は同道し、岩吉も行って皮を剥ぎ、勘三郎の所まで持参し、その後に帰ったという。先の「口上之覚」を詳細に供述したものとなっている。

助六・三太郎の「口上之覚」によれば、助六・三太郎・勘三郎たち穢多身分の者は、百姓身分と違って藩領を越えて「自由」に行動し特異な情報網を有していたことが判明する。

⑦　立石領広瀬村の小庄屋・彦十郎が署名・捺印した書付（元禄二年二月一九日付）によれば、牛主が判明したことを含む貴重な内容である。これによれば、立石領に「捨牛」があったというので、彦十郎支配下の村々の者で捨て牛を行った者がいないかについて詮議するように二月四日に仰せられた。大庄屋の久左衛門からも厳しく言われたので、彦十郎は残らず詮議したが、捨て牛の主はいなかった。このことを久左衛門へ伝えたが、さらに厳重に言われた。久左衛門が立会の上で、以前のように彦十郎が吟味するべき旨を申し、一人ずつ特別に詮議した処、二月一八日の夜に広瀬村の穢多・助六が白状し、助六が捨て牛の主に決まった。助六が次々と述べたことは久左衛門も目前で承り、久左衛門が「口書」に仕上げた内容は、彦十郎にとって少しも相違がないことを述べていた。

(二) 口書帳の「口上」を通じて

①　「郷方役人　小野伊右衛門口上」（日付なし）によると、立石領に「病牛」が倒れているのを見つけた様子、及び牛の格好を詳細に訊ねられた。元禄元年一二月一七日朝五ツ（八時）過ぎに喜多之原町の町頭・白木屋弥次郎が立石領鬼丸村の延隆寺へ「参詣」に行った。この延隆寺は、立石領初代領主・木下延由が

母・恵照院の願いを容れて身延山久遠寺に参詣し、同寺の末寺として承応三年（一六五四）に建立され、杵築市山香町立石に現存する。立石領主の菩提寺は立石の曹洞宗の長流寺である。

この弥次郎は道筋の岩薬師河原に病牛がいるのを見つけ、郷廻足軽の後藤弥五右衛門へこのことを知らせ、弥五右衛門は早速駆けつけて見た処、夜中より捨て置いたものと見えて、一六日の暮から雪が降ったので、牛にも雪が掛かっており、近くの杖ヶ迫村の肝煎・七助を呼び出し、その後にその近辺の小百姓共が立会って藁に火を焚いて温めた。牛は赤毛の男牛で年老いた病牛と見えて、粥さえも食べなかった。弥五右衛門が報告に来たので、立石領留守居の山田平蔵へ弥五右衛門を同道させて罷り越して申し聞かせた。平蔵は人家へ運んで養生するように命じたので、伊右衛門もその場へ罷り越し、牛馬を能く見立て、「馬医」である伯楽の松ヶ尾村（現杵築市山香町立石の松尾）の小兵衛を呼んで、牛を診させた処、小兵衛が言うことには、牛が殊の外弱っており息もあるなしの状態で、養生は既に叶わないというのであった。その日の七つ（夕方四時）過ぎに牛が死んだので、その所に埋めた。牛には全体に傷がなく、病牛と見え、鼻繰・追綱が付いていた。

この牛につき、吟味のために、在所の牛持共は申すに及ばず、惣百姓・伯楽・博労の者を人別に吟味を行ったのかと訊ねられて、惣百姓並びに牛持共はもちろん、村の小百姓の申口も伊右衛門たちは直接には承っていないとし、大庄屋の与左衛門・杢左衛門・半三郎の三人の者へ留守居の山田平蔵・安東太郎兵衛や伊右衛門が一緒に申し渡した。一七日の晩から二三日迄、村々の吟味を行ったが、立石領分の牛ではないことを申すので、その趣旨につき大庄屋三人の證文を取り、詮議は差し止めた。

伊右衛門は在所で次のように尋問された。この牛は年寄で、病牛に紛れなき旨を伯楽・小兵衛が述べ、殊に雪降りの時分、程遠い所から牽き通るような道理がなく、一六日の暮方まで天気が好く、遠方より牽き出したとしても、日暮れとなり雪も降ったので、まず一宿するはずだと言われ、立石の牛でないとしても、牛を牽き通った者が近辺の筋目へ少しの間でも宿を借りた者がいないか。また五、三日前からこの牛を預かっていた者が、在方や自分の牛であれば、庄屋・年寄へも断りを入れないであろう。このようなことを在所で吟味し届けたのか、さらに在所にて取沙汰を如何様に承ったのかと訊ねられた。伊右衛門が言うには、このような吟味迄には及んでなく、兎角領内の牛ではない旨につき、大庄屋が證文を差し出した上は、詳しく吟味に及ばずという料簡にて落着した。在所における取沙汰を何とも承るに及ばなかったという。

この度仰せられて持参した牛持共の名寄帳、及び牛の売買や牛替えを行った者の理由を書き付けた書類が不分明なことにつき、全ての牛馬改帳を庄屋手前に差し置いているのであり、牛を売り払ったり替えたり、或いは死んだ砌にはその時々に小庄屋へ改めて帳面に付け置き、牛の役方や生死の様を具に知ることが出来るように兼ねて致し居るかと訊ねられた。伊右衛門が答えるには、そのような帳面は庄屋手前にはなく、当方から遂に申し付けることはなかった。この度持参した昨辰（元禄元）年二月と当巳（同二）年二月の牛馬改帳二冊はその時に手元にあった書付であり、年中の売買や生死の増減は知ることができないと述べた。この度牛馬を売買した者を改めて大坂へ差し登らせよと仰せられたので、俄かに大庄屋へ申付け、彼等より小庄屋共が承り、村々の者共が覚の通り、口上によって申したことを巻紙に書き記し、庄屋共が差し出した故に持参した。元来正式の帳面がないことにつき、面目のない次第であると述べた。

②「郷廻足軽　後藤弥五右衛門口上」（日付なし）によれば、元禄元年一二月一七日に白木屋弥次郎がやって来て、河原に病牛がおり知らせに来たので、早速駆け付けた。赤色の男牛でとても痩せており、夜中から外にいたように見え、一六日暮頃から一七日昼まで雪が降り、牛にも懸かっていたので、近くの杖ヶ迫村の肝煎・七助を呼び出して、百姓共を呼び寄せ、菰・筵などを牛にかぶせて粥などを食べさせたが、食べ

るような力はなかった。この事態を郷方役人の小野伊右衛門へ申し聞かせ、伊右衛門に同道して二名の留守居へも申し聞かせた処、養生致すようにと申されるので、弥五右衛門は牛の傍に付いていた。しかし七つ時分に死んだので、留守居並びに伊右衛門の指図を受けて、その所へ埋めたという。

また弥五右衛門は、牛に追綱が付いていたか裸牛であったか、側に人が居たかと訊ねられ、その時は確実に見届けておらず、牛の傍に茅など引きちらされていたのは見覚えており、駆け付けた際には近辺は無人であったと述べた。さらに弥五右衛門は、在所でこの牛につき、どのように吟味したのか、その頃に博労などが牛を引き通った者や当分の宿を提供し、又は見聞きした者がいなかったのか、且またこの辺りでこの牛をめぐって取沙汰や風聞もあったように思うが、承った趣旨を述べるように詳細に訊ねられた。弥五右衛門は、自分は郷廻り一筋であり、村中吟味についてはその所の庄屋の役目であり、その様子は存ぜず、取沙汰や風聞も承ったことはないと述べた。

③「立石領内喜多之原之町頭　白木屋弥次郎口上」（日付なし）によれば、この病牛を最初に見付けたことを述べ、この牛は目・毛色のことや鼻繰・追綱が付き、菰・筵などが着せてあったか、また近辺に人が居ったか、見届けた通りに詳しく述べるように訊ねられた。元禄元年一二月一七日は父弥次郎の忌日なので、朝五つ（八時）過ぎ頃に鬼丸村の延隆寺へ参ろうと家を出て、道筋の岩薬師河原に牛が倒れており、頭を動かしていたので、立ち寄ってみると、総体に雪が掛かり、うめく息の通いが聞こえるので、寺へは参らず、直ちに郷廻・後藤弥五右衛門へ申し聞かせた。

その後、弥次郎は牛の所へは罷出なかったので、様子は存ぜずという。見付けた時分は、菰を掛け、鼻繰・追綱が付いていたのかどうか確実に見分けたのではなく、毛色も見届けたのではなく、近辺には人はいなかったという。また在所で、この牛につき、穿鑿の様子を訊ねられ、同月一八日頃に二名の留守居の命により、弥次郎支配下の町中の牛持ちについて吟味したが、牛主は不明であり、弥次郎はその旨の手形（證文）を出した。郷方吟味は弥次郎の支配ではないので、様子は存ぜぬと述べていた。

④「立石領内杖ヶ迫村　肝煎　七助口上」（日付なし）によると、岩薬師河原に駆けつけて見ると、赤毛の牛で鼻繰・追綱が付き、綱は切株に結び付け、牛には破れた菰一枚が着せられ、その上には雪が降り懸かっていた。七助は百姓共を呼び寄せて、火を焚いて温め、牛に菰・筵を着せて、粥を与えたが、食べなかった。七つ（夕方四時）過ぎに牛が死に、小野伊右衛門が参って事態の様子を見届けたうえで、その所へ埋めたという。

雪が降り、病牛でもあるので、遠い所から来たようには思えないが、何か心当たりのことはないか、在所で下々はどんな噂をしていたのか、また在所での吟味の様子を訊ねられた。七助は村中の牛持ち共を小庄屋前へ呼寄せて確認したが、この牛の持ち主はいなかったので、このことを大庄屋へ申達したことを承ったという。

⑤「立石領内上村大庄屋助左衛門子　半三郎口上」（日付なし）によれば、病牛が見つかった頃、大庄屋・助左衛門が病気につき、名代として出掛けた処、一〇歳ほどの赤色の男牛であったこと、伯楽の小兵衛もこの牛の容態を診て、養生が最早できないと申し、その日の七つ（夕方四時）過ぎに死んだので、先の小野伊右衛門の指図でその所に埋めたという。

この牛につき、在所で吟味の様子を訊ねられて、半三郎が言うには、大庄屋の与左衛門と杢左衛門が半三郎方に来て、小庄屋共を呼び寄せて吟味をしたこと、半三郎は親の助左衛門が昨（元禄元）年七月より煩っており、同年一二月二七日に亡くなったので、その節は看病に取り込み、出会い申さず、委細は存じない。詳しくは山口村小庄屋・四郎左衛門へ訊ねて貰いたい。

この牛が立石領に限らず、他領にても見知った牛ではないか、又は牽き通った所を見た者や少しの間でも百姓方へ宿を取った者がいないのかと訊ねられて、半三郎は左様な覚えは曽てなかったと答えている。病牛のことにつき、近所にて様々の取沙汰があったように思うが、如何様に風説していたのか、その様子を訊ねられて、半三郎は何の沙汰も承っていないと述べた。

最後に、半三郎が持参した牛売買の者共の書付につき、旧来庄屋方に帳面を有し、それに関する増減を記した写しであるのか、但し当座に仕立てた書付であるのか、訊ねられた。半三郎は、確かな帳面というものは存在しないので、当地へやって来た牛売買の者共に関する書付につき、当地へやって来た際に小庄屋共の口上で申し聞かせた趣旨を記載したものであること、委細は小庄屋共が能く知っていると述べた。

⑥「立石領内山口村小庄屋　四郎左衛門口上」（日付なし）によれば、去年（元禄元）一二月一七日の朝、岩薬師河原に病牛があると半三郎より申し越したので、参って見た処、一〇歳ばかりの赤毛の男牛で傷もなかったが、息の通いは少しあった。伯楽（馬医）の小兵衛がやって来て診たが、治療は叶わないということであった。その日の七つ過ぎに牛が死んだので、小野伊右衛門の指図によってその所に念を入れて埋めたという。

この牛につき、在所で吟味するようにと大庄屋が申渡し、小庄屋共がその村々の牛持ち共に確認したが、右の牛持ちは不明であったので、その旨を大庄屋へ申し聞かせたという。四郎左衛門支配下の山口村などにある牛につき、去年中に売り払った牛もあるだろう故、先々買主について調べて届けているか、またそのようなことに関する書付はないかと訊ねられた。その返答によれば、買い取った者については承らず、売った者については承っており、毎月末に大庄屋へ口上で申し聞かせ、大庄屋より代官へ通知をしているが、この書付はないという。

また、この牛は老牛であり、降雪の中、遠い所からやって来たとは考えられず、在所で百姓共の取沙汰や、四郎左衛門が知っていること、及び何か聞かされていたことについて訊ねられた。四郎左衛門は、元気な牛でも年寄の牛は遠方を歩くことは出来ず、まして病牛のことであるから、二、三里の間から牽き参ったように思うが、推量したまでであるので、申し上げ難い。また在所での取沙汰は何とも承らずという。

博労は一般に役に立たない牛を買い求めて、種々手を入れて売り付けるので、博労体の者が在所を往来するのを見聞きしたことはないか、博労共が牛の売買に参った際の宿のことについても訊ねられた。四郎左衛門は領内の博労・又右衛門や百姓共方では「近付次第」宿を提供するけれども、病牛一件の頃に宿を提供した者については承らず、見掛けた者もいないと述べた。

⑦「立石領内松ヶ尾村白（伯）楽　小兵衛口上」（日付なし）によると、この牛につき、年寄で病牛に相違ないか、達者な牛でも俄かに煩って行き倒れになるものだろうか、この牛は旧来煩ったことがあるように見えるだろうかと訊ねられた。小兵衛は、「牛にはたち早風」という急病があり、歩きながらでも死に至ることがあり、この牛も風に逢ったと見え、口より風を吹き出すまでになっており、養生できなくなっているので、薬は用いなかったと答えた。さらに、この牛は一〇歳で使い方の所為か疲労しているように見える。但し能く飼っていたら、使い牛になっただろうと思われる様子であると返答した。

牛には鼻操や追綱が付いていたのか尋ねられて、追綱が付いており、綱の先は木の株に結び付けられていた。小兵衛がその場に参った時には、百姓共が大勢集まっていたという。

最後に牛は一般にどの位の道のりを歩くものかと訊ねられて、小兵衛は、達者な牛は日永の時分では平地七、八里は歩くこと、しかしこの牛は老牛でかつ雪降りに逢ったので、中々遠路は参らぬものと自分では理解している旨を申し上げた。在所での下々の者達の取沙汰につき、聞き知っていれば申し上げよと言われたが、何とも風説は不聞であると答えている。なお松ヶ尾村は幕末に見える松尾村であろう（『旧高旧領取調帳　九州編』近藤出版社、一九七九年）。

⑧「立石領内徳清田村博労　五左衛門口上」（日付なし）によれば、立石の病牛につき、博労共の捨て牛ではないか、この時節に他所から参った博労に宿を貸した者はいないか、有体に申し出よ、少しでも心当たりのことでも隠し事をして、穿鑿の上で相知れた場合には屹度きつい仰せが言渡されると種々訊ねられた。五左衛門が答えて、その砌には自分の所には博労に限らず、牛を牽くものは一人も参らず、その他少しも心当たりがないと述べた。

さらに牛は道のり如何ほど歩くのか、牛の売買の値段も格別高下があるのかと訊ねられた。五左衛門が述べたことは、達者である若い牛は道を追う様子も好いので、一〇里程（約四〇㎞）も歩き、値段については女牛が銀五、六〇匁もするし、男牛では四〇匁位する、それより下は牛の歳や格好次第で段々下直に売買する。岩薬師河原で死んだ牛は一〇歳ほどに見え、その上に寒気の季節であったので、さ程遠くには参らなかったと思うと答えた。

最後に、博労であるならば、例の牛を見知りの機会もあったであろう、他領のことでも遠慮なく申し出よと特別に仰せ聞かされたが、五左衛門は終に見知りたる牛ではなかったと述べた。

この「倒牛一件」をめぐって、在所での取調べを通じて種々のことが判明するが、牛持ちの名寄帳や、牛の売買を行い、また牛替えを行った場合の理由や名前を記す「牛馬改帳」の作成が命じられていたことが判明する。

末尾に、以上の口上につき、能勢出雲守は以下のように認めている。「右之者共口上之趣、一通相尋候中、木下右衛門太夫方より牛主差上せ候ニ付、右八人之者共詮議差止申候。且又牛主不相知以前、為穿鑿立石より二、三里四方之在々幷道筋之絵図縫殿助家来之者ニ申付、立石ゟ取寄候得共、最早此度差上ニ及申間敷哉と奉存候。爰許ニ差置申候。以上。」。

即ち能勢出雲守は、一通り尋問している間に、木下右衛門太夫方より牛主の助六を大坂へ差し登らせたので、右の八人の詮議を止めたこと、また牛主が判明しない以前に、穿鑿のために立石から二、三里四方の「在々幷道筋之絵図」を木下縫殿助の家来に申付けて取寄せたが、最早老中方へ差上げるに及ばずと判断して、手元に差置いているという書付を認めていた（元禄二年四月五日付）。これによれば、裁判に必要な参考資料として、当該物件に係る「二、三里四方之在々幷道筋之絵地図」も用意されていたことが判明する。

第三節　倒牛事件をめぐる最終的取調べ

ここでは件の倒牛の「牛主相知、本人其外一件之者共大坂江召寄、遂吟味候口書帳」から被差別民の取調べを検討する。ここで検討する「申口」には、これまでの口上などと共通する面もあるが、被疑者・被告人が新しい重要な内容をこの段階で述べたことがあるので、煩を厭わず紹介することにしたい。倒牛の持主が二度にわたって牛を買った二人の博労たちの「申口」も併せて検討する。申口は最終的な取調べの記録であり、口上之覚、口上、申口は全て役人の手によって書かれ、整理された記録である。

①「木下右衛門大（太）夫知行所豊後国速見郡広瀬村穢多伝蔵次男　弐拾歳　牛主　助六申口」によれば、助六の父・伝蔵は一町余の田畑を所持しているので、常々牛を飼っている。去年（元禄元＝一六八八）一二月一六日に助六は豊前国宇佐郡飛田村の博労・権四郎の所へ行って牛を求めた。その際に、弟の三太郎も同国長須村の穢多・平助方へ用事があるというので召連れ、一六日の朝五つ（八時）時分に出掛け、通り

掛りに立石領乙丸の穢多・勘三郎の所へ立ち寄ると、勘三郎もまた国東郡真玉という所へ参るというので、三人連れで罷り越した。先にて銘々が分かれ、助六は先の権四郎方へ参り、牛のことを尋ねた処、権四郎が「黒毛・鹿毛駁」六歳の男牛を持っており、望むなら半ば売るような言い振りだったので、値段を銀一三匁に決めて買うことにして、助六が牽き帰る筈の約束をした。ところが、同国矢部村の博労・又左衛門なる者が赤毛八歳ばかりの男牛を牽いて通り掛り、助六はこの様子を見届けて、先の権四郎手前の黒毛牛よりも達者に見えたので、この赤牛を欲しいと又左衛門へ伝えると、権四郎が挨拶して権四郎と又左衛門の牛同士を交換して、助六へ渡してくれた。

そして同年一月一六日七つ（夕方四時）時分に牽き帰り、二里ほど歩いた所で日が暮れ雪も降って来たので、助六は立石領の「影平と申所ニ石仏入置候辻堂有之候ニ付、此所ニ伏リ」、牛は同所の森の下へ繋いでおいた。影平（かげひら）は現杵築市山香町向野影平。一七日の夜明け時分から牛を牽き、立石の町までやって来た頃に夜が明けた。程なく岩薬師河原にやって来た処、牛が「早風」に遭って俄かに倒れ、種々手を尽くしたが、牛は起きなかった。自分一人であったので如何することも出来なく、近所なので穢多・勘三郎の所へ行き、牛に食べさせる大豆を貰い、牛の口へ入れたが、食べないのであった。勘三郎は留守であったので、助六が勘三郎の弟岩吉に言い置きしたことは只今牛が早風に遭い、河原に倒れてしまった。牛に付いていたいけれども、親・伝蔵が酷く患っているので、在所へ帰るという。弟三太郎が豊前の長須から追っ付け帰り、ここへ参るので、この趣旨を言い聞かせて、何とか物など食わせ、牛が力を付けたならば、牛を牽き帰るように頼み置き、牛には菰・茅などをかぶせ、牛の追綱を近所の木株へ結び付けて、助六は帰った。

翌一八日に弟の三太郎が在所へ帰り、助六へ話して聞かせたことは、この牛へ勘三郎方で大豆を煮て食わせてみたが食べず、一月一七日の晩方に死んでしまったので、在所の百姓共が出合って薬師河原へ掘って埋めたという。勘三郎は一月一八日に豊前から帰り、こうした状況につき相談した処、勘三郎は笑止のこととし、然る上は皮を剥ぎ申すべき由にて、弟の岩吉・助六（実は三太郎）の三人で掘り出して皮を剥ぎ、牛の頭は入念に埋め置くことを相談した。その後に助六は勘三郎に会い、牛が不慮の事故で死に損をしたのであるから、せめて剥いだ皮を呉れるように言ったけれども、勘三郎は承知しないので、是非なく、その通りとなったという。

親・伝蔵は相患っており、兄・卯之助は別家におり、牛が死んだことを助六はかつて伝えたことがなく、当年（元禄二）正月中頃にこの状況を始めて伝蔵に申し聞かせたが、卯之助へは遂に聞かせることはなかった。元禄元年一二月二〇日頃でもあろうか、権四郎方の牛代銀一三匁を持参し、その際に手元に持合わせていた女牛を牽き参って、銭を渡そうとした処、権四郎は女牛が欲しいので、銭の代わりに女牛を渡して呉れと申した。助六は、女牛が子をなしているので、銀一三匁の方にはならず、追い銭を出すのであれば、遣わしてもよいと言うと、権四郎が銀二匁を出したので、女牛を遣わしたという。

最後に、元禄二年二月一八日、速見郡野原村（日出藩領、「元禄郷帳」では一六五石八升八夕、現杵築市山香町野原）の大庄屋・久左衛門が在所へ卯之助と助六を呼び寄せて、立石領岩薬師河原の捨て牛について詮議があり、その方共は牛主を知らないかと訊ねた。助六が言うには、その牛を豊前から買って参る時分、早風に遭って倒れてしまったので、弟・三太郎を付け置いて養生させたが、死んでしまった。このことは立石の穢多・勘三郎や弟の岩吉も詳しく知っていることである。捨てた牛では決してないと助六は申したが、縄を掛けられてしまったと、供述した。助六の申口からは種々のことが判明するが、助六は、勘三郎が立石領の「捨場」以外に埋められた牛を拾う権利はないと認識していたのだろうか。

とりわけ豊後国速見郡下で努力の末に穢多身分である伝蔵が一町余の田畑を所持し、牛を飼う経営を行っていたことは重要である。同国における多少の田畑経営には牛による耕作が是非必要であり、こうした状況を反映して博労業が割と盛況を見ることとなるものと考えられる。

② 「助六弟　十六歳　三太郎申口」は、父の伝蔵から豊前国長須の穢多・平助の所へ参って銀子を借りるように言われ、その頃に兄・助六も牛の才覚に豊前へ参る由を申したので、去年（元禄元）一二月一六日に兄弟連れで罷り出、乙丸の穢多・勘三郎方へ立ち寄った処、勘三郎も豊前の内へ参る由にて、三人で同道した。三太郎は一六日の夜に平助方に泊まり、翌一七日の朝に出掛け、昼過ぎに勘三郎方へ立ち寄ると、勘三郎は未だ帰らず、勘三郎の弟岩吉が申し聞かせたことは、助六が豊前の長須から追い参った牛が今朝に岩薬師河原で早風に逢い、倒れてしまった、牛に付き添って養生するように申し届けてくれるようにと申し置いて帰ったことを聞かされた。三太郎は早速牛の所へ参って見ると、薹や菰をかぶり、追綱の先が傍らの木の根に結ばれてあった。牛はまだ死んではいないので、粥を食べさせようと思い、勘三郎所へ参って大豆を煮て、牛の傍へ持って行ったが、牛は次第に弱り、物を食べる力がなかったので、どうすることもできなかった。そして勘三郎の所へ帰り、滞在した。その際に百姓たちが岩薬師河原に出て来て、どこの牛であろうかと訊ねる様子に見えたので、三太郎はこの方の牛であると言ったならば、悪いことであるのではないかと思い、百姓たちには何の断りも入れなかった。牛は七つ時に死んだ、また百姓共が出会って、その所へ埋めるのを見た。その夜は勘三郎の所へ泊まった。

翌一八日に勘三郎が帰って来たので、右のような成り行きを聞かせた処、勘三郎は皮を剥ぎ申すべしと言って、三太郎と岩吉が先に参って掘り出せと申し付け、後から勘三郎もやって来て三人で皮を剥いだ。皮を剥ぎ終わったのは昼の八つ時（二時）過ぎであった。帰宅後、三太郎は助六へこの様子を話したが、親の伝蔵には病中なので話さなかったと、供述した。

③「木下縫殿助知行所豊後国速見郡鍛冶屋乙丸之穢多　十九歳　勘三郎申口」には、興味深い箇所がある。勘三郎が豊後国の国東郡真玉村の穢多・勘助と同又兵衛との両人の所へ「見廻」（下級警察役カ）に行った時分、助六・三太郎と道連れになったが、勘三郎は先の両人（勘助、又兵衛）の所へ一宿づつ二夜泊まり、一八日の昼時分に家へ帰った。勘三郎の家に滞在していた三太郎から勘三郎が聞かされたことは、助六が豊前から牛を求めて参った処、翌日の此朝に河原にて風に逢って死に、昨晩百姓共が牛を埋めたということであった。勘三郎は協力させて早速に牛を掘り出して皮を剥いでいる所へ、大庄屋の子・半三郎が通り掛かり、その跡は念を入れて埋めよと特に申付けられたので、いよいよ念を入れて埋めた。その後に助六から「達者なる牛が思いもよらない風に逢い死んだのであるから、せめて皮を呉れ」と言われたが、勘三郎は「牛馬之皮剥候儀ハ穢多共取切ニ仕来候故」、助六には渡さなかった。皮は真玉村の穢多・五兵衛へ代銀一七匁で売ったという。助六の考えでは、「捨場」と称する所へ捨てられた死牛馬だけを株持ちの穢多が拾う権利があると考えたのではないだろうか。

また勘三郎は皮を剥ぎに行った時に、鍛冶屋村の小庄屋・九郎兵衛の所へ参り、昨日は河原に死牛があり、百姓中が骨折りした旨につき承ったと申すと、九郎兵衛は自然この牛の様子を勘三郎などは知らなかったのかと言われた。九郎兵衛が屹度企んだ尋ねではなかったと勘三郎は考えて、この牛のことは知らなかった旨を申したと、勘三郎は供述した。なお勘三郎在所の乙丸は、幕末に見える南乙丸村と北乙丸村となる（前掲『旧高旧領取調帳　九州編』）。

この後に、能勢出雲守は、この九郎兵衛と勘三郎を大坂へ差し登らせたので、二人にこの様子を訊ねた処、勘三郎の申口と相違はなかった、との記述を付している。

④「勘三郎弟　十五歳　岩吉申口」は、以下のようである。去年（元禄元）一二月、日付は覚えていない

が、河原で牛が早風に逢って倒れたと助六が言うので、有り合わせの大豆を助六へ遣わし、その際に菰や藁も欲しいというので、これも遣わした。程なく助六が帰ってきて言うには、牛に付き添ってやりたいが、親の伝蔵が煩っているので帰るという。さらに弟の三太郎がやって来ると思うので、牛に付き添って何卒養生致し、牛に力が付いたならば、家に牽き帰って呉れるようにと言い残して帰っていった。その日、三太郎は岩吉の所に泊まり、翌日に勘三郎が豊前から帰り、三太郎・岩吉の二人から牛が死んだ次第につき段々物語り、即ち三人で皮を剥いだという。

⑤「小笠原修理太夫知行所豊前国宇佐郡飛田村博労　権四郎申口」によれば、去年（元禄元）一二月、日付は覚えていないが、一〇日過ぎに助六が参って、達者なる牛がいたならば求めて呉れというので、権四郎は外に心当たりないが、自分が所持する「黒毛・鹿毛駮」の六歳の男牛が望みであれば、遣わしてもよいというと、助六はこの牛を見て、代銀一三匁で売って呉れるなら欲しいといった。権四郎はこの牛が常々心悪しく使い難いことを教えて、助六の付値ではあるが、売ることとして値段を一三匁に決めた。ところが、豊前の矢部村の又左衛門という者が八歳ほどに見える赤毛の男牛を牽き連れて参り、この牛は人を突いたことがあるが、達者に見え、豊前の大根河原（大根河村）で買ったものだという。助六はこの牛を見て、権四郎所持の黒牛を望んだ値段（銀一三匁）で決めたが、又左衛門は牛を売ることを不思議なことと言ったので、このことにつき、又左衛門に言うと、又左衛門は人を突いた疵を申し立てて一三匁に買って来たのである。元値段で売ることは成り難く、権四郎の黒牛と交換するのであれば、赤牛を遣わしてよいというので、牛の交換が成立した。

助六は又左衛門所持の赤牛を受け取って、その日の七つ（夕方四時）時分に帰っていった。又左衛門は権四郎所持の黒牛を牽いて帰った。それ以後四、五日以内に助六は赤牛の代銀一三匁を持参して渡すことを述べた。その支払いの際に、助六は黒毛の女牛を牽いてきたが、権四郎は欲しくなり、代金は受け取らず、銀一三匁の肩代わりとして女牛を呉れと言ったが、助六はこうした安い値段で売ることは出来ないと言い、追加の銭をというので、権四郎は銀二匁を出して、女牛を受け取ったという。

⑥「小笠原修理太夫知行所豊前国宇佐郡矢部村博労　又左衛門申口」によれば、元禄元年一二月一〇日過ぎに、宇佐郡大根河村（現宇佐市大根川カ）の伊兵衛という者から赤毛牛八歳の男牛を銀一三匁で買い、通り掛りに宇佐郡飛田村の権四郎方へ立ち寄った処、助六という者がおり、又左衛門が牽き参っていた牛を権四郎所持の牛と代えて呉れと両人が頼み込むので、又左衛門はこの赤牛が「人を突候故」、格好よりは安い値である、このことに合点するならば、交換に遣わすと言ったので、助六は突いたことは苦しいことではないと言い、権四郎の牛と取り換えて、助六に赤牛を引き渡したという。大根河村から飛田村までの二里を追い参りして来たが、牛は殊の外達者で又左衛門を牽き立てるほどに懐いた。又左衛門はこの牛が立石領で亡くなったことを不審に思うと、供述した。又左衛門の申口によると、この赤牛は豊前の宇佐郡大根河村から飛田村を経由して豊後の速見郡立石（現日豊本線駅とすれば）まで歩いたので、その距離は五里（二〇km）余りと考えられる。

⑦「木下右衛門太夫知行所豊後国速見郡広瀬村穢多助六親　五十七歳　伝蔵申口」によると、元禄元年一二月一〇日時分、立石領の博労・半之丞なる者が黒駁の女牛一〇歳を牽き参った処、助六が買い取って、伝蔵方へ四、五日差置いた。女牛は田畑を鋤かせるのに男牛より力が弱いので、男牛に買い替えよと、伝蔵は助六へ申しつけた。伝蔵はその頃より「疫病」を患っており、その後は何の様子も知らないという。

元禄二年（一六八九）正月に伝蔵は漸く快気が戻って来たので、麦作の時節になれば、牛を持たないのでは耕作が成り難い。この女牛をどうする積りだと助六に尋ねると、ある方へ預けているという。元禄元年一二月に飛田村の権四郎方で能い牛を買って来た処、途中で早風に逢って死に申したと助六は申し聞かせた。女牛は権四郎方で他の牛と交換した旨をこの度ここでの穿鑿の結果、伝蔵は始めて承ったという。このような次第で、前後の様子はかつて存じないと、供述した。

⑧「助六兄　弐十六歳　卯之助申口」によれば、卯之助は妻子を持ち、助六とは別家に住んでおり、助六「牽ころし」の件は遂に聞くことがなかったので、存じない。去る頃、在所に卯之助兄弟が庄屋方へ呼ばれて参った時に、助六が申し聞かせて、牛が死んだ様子を始めて承ったと、供述した。

⑨「助六弟十二歳　秋助申口、勘三郎弟　十二歳　虎吉申口」（連名）によると、二人は常々山へ行って、薪の芝（柴）を採っており、家に居る間もないほどである。岩薬師河原での牛の様子につき、如何様にも存じないと、供述した。

末尾には、すでに紹介したように、能勢出雲守は、以上のような詮議の結果、確定した事実を明らかにしたことを述べていた（元禄二年四月五日付）。

これまでの検討によれば、裁判を担当すべき大坂町奉行・能勢出雲守が、牛主の助六は勿論のこと、極めて周到に有益な証人達を確保していることに脅威を感じざるを得ないのである。このことは生類憐み令に対する庶民の畏怖を呼び起こしたものと考えられる。

第四節　倒牛事件の取調べをめぐる特徴

ここでは、「倒牛事件」をめぐる取調べの地理的・領域的範囲、及び被差別民の取調べをめぐる問題を検討したい。

（二）「倒牛事件」をめぐる取調べの地理的・領域的範囲

この倒牛一件では、牛持ちとして穢多・助六が判明するまでには、牛が倒れていた立石領内では、最初に発見した立石領の町頭・白木屋弥次郎、弥次郎から連絡を受けた郷廻り・後藤弥五右衛門、弥五右衛門から呼び出された領内の近村・杖ヶ迫村の肝煎・七助、七助から呼び出された同村の百姓たちが集められ、この百姓たちは牛を介抱した。この間は、立石領の大庄屋筋に対して領内における牛の売買や交換を記載するべき帳面について、また博労を泊めなかったのかどうか訊ねられている。とりわけ伯楽や博労へは、牛の病やどの位の道のりを歩くのかなどを訊ねている。

縫殿助の領地はすべて豊後国速見郡の立石五ヶ村と向野三ヶ村であるが、先ず大庄屋を通じて、この「倒牛」が領内の牛であるかどうかを確かめ、また村内における牛馬の売買などを記録すべき「牛馬改帳」があったことも判明する。また自村の者でこの牛を泊めて牛宿を勤めた者がいないかどうかを捜索する。かくて他領の牛と判明した場合には牛馬の売買などを扱う自領の博労、牛馬の治療に当たる伯楽や、斃牛馬処理の権利を持つ被差別民を呼び寄せて、冬の場合に牛の歩行距離や、牛の突然の病死などについて調べたものと考えられる。

この間の取調べの地理的範囲と領域的範囲を検討しておきたい。豊後国速見郡立石領で生じた「倒牛」につき、発見した町頭・白木屋弥次郎は郷廻足軽・後藤弥五右衛門へ連絡し、弥五右衛門は郷方役人・小野伊右衛門へ連絡し、伊右衛門は弥五右衛門を伴って、立石領の留守居・山田平蔵へことの次第を伝えていた。伊右衛門は松ヶ尾村の伯楽・小兵衛を呼んで「倒牛」を診させた。また立石領の三人の大庄屋（与左衛門、杢左衛門、「半三郎」）を通じて、惣百姓・伯楽・博労、そして穢多身分の者を取り調べた。しかし「倒牛」の持ち主は判明しなかった。ここまでは立石領に本貫を有する町人・百姓（伯楽・博労を含む）・穢多身分の者達が取り調べられたのである。この段階では地理的・領域的範囲は豊後国速見郡立石領であり、その領主である木下縫殿助の領内に留まるものであった。従って取調べる能勢出雲守側も立石から二、三里四方の絵図で十分であると考えていたのである。

ところが、事件は立石領だけでは済まされず、その後に日出藩領（木下右衛門太夫）の大庄屋・久左衛門は小庄屋たちへ一層厳しく取り調べるように命じ、久左衛門も立ち会って、同領広瀬村の小庄屋・彦十郎が同村の構成員を人別に詮議した結果、同村の穢多・助六が「倒牛」の持主であることを「白状」したというのである。

この「倒牛」の持主が判明した以後の関係者の割り出しに関する地理的範囲と領域とはかなり複雑である。日出藩領の助六が最初に買った牛は豊前国宇佐郡飛田村（小笠原修理太夫・中津藩領）の権四郎が持っていた黒牛であった。しかし、そこへ同国宇佐郡矢部村（同藩領）の博労・又左衛門が追ってきた赤牛があり、この牛と交換したのである。この赤牛を牽いて来て倒れた所が豊後国立石領であった。死んだ赤牛はここに埋められたが、これを掘り出して皮を剥いだのは豊後国速見郡立石領（領主・木下縫殿助）鍛冶屋「村」の穢多・勘三郎であった。勘三郎は、この作業に自分の弟や助六の弟を協力させていた。こうしたことを関知していたかどうかにつき、助六の在所にいる親兄弟、豊後国国東郡真玉とく路く村（松平市正預所）に縁付いている助六姉、豊後国速見郡新庄村（松平主殿頭）の腹違いの兄、そして広瀬村勘三郎の親兄弟が取調べられたのである。

事件全体の地理的範囲は、豊後国速見郡・国東郡と豊前国宇佐郡に亘っており、領域で言えば、豊後国では日出藩（木下右衛門太夫）、立石領（木下縫殿助）、杵築藩（松平市正預所）、豊前国では中津藩（小笠原修理太夫）に係わった事件であった。現在で言えば、大分県の中津市、宇佐市、杵築市、豊後高田市、速見郡日出町に亘っており、しかも裁判は大坂奉行所で行われることとなっていたのである。極めて広範囲の取調べであり、裁判である。

(二)「倒牛」をめぐる被差別民の取調べの特質

この「倒牛」の持ち主が豊後国速見郡広瀬村の穢多・助六と判明して以来、助六が「倒牛」から離れ、そして同郡鍛冶屋村の穢多・勘三郎が勘三郎の弟・岩吉と助六弟・三太郎を協力させ、「倒牛」を解体して皮を剥いだことを中心に、これらのことを知っていたか否かにつき、先ず取り調べられた。その範囲は、以上の四人の他に、勘三郎弟・虎吉、助六父・伝蔵、助六兄・卯之助、助六弟・秋助、伝蔵女房、助六弟・彦九郎、助六妹・七、助六姉・けさ(他領穢多の女房)、助六姉・女郎(逐電中)、助六兄・彦四郎(腹違、他家養子)、勘三郎母、勘三郎妹・つま、に亘っていた。この内、「口上之覚」を取られたのは、伝蔵、助六、卯之助、三太郎、秋助である。さらに大坂へ呼び寄せられて吟味の結果、「口書」を残したのは、助六、三太郎、勘三郎、岩吉、伝蔵、卯之助、秋助、虎吉である。この取調べは、助六と勘三郎の夫々の親・兄弟へ亘るものであった。

大坂における能勢出雲守による裁判は、まだこれからである。以上の者たちの内、大坂へ呼び寄せられて取調べを受けたのは、助六、三太郎、勘三郎、岩吉、虎吉、伝蔵、卯之助、秋助である。また木下右衛門太夫の領分・広瀬村へ「押込」となった者は、伝蔵女房、彦九郎、七である。けさは、松平市正領のとく路く村(前出)へ預け置かれた。彦四郎は松平主殿頭領の新庄村へ預けられた。勘三郎の母と妹は、木下縫殿助立石領で牢舎を申し付けられた。但し、在所でそれぞれ助六が「倒牛」をそのままにして来たことや、勘三郎主導による「倒牛」の解体のことについて、助六と勘三郎の「従類」の内、知らなかった親兄弟を何故大坂に呼び寄せ、かつ裁判をすることが必要であったのか、理解に苦しむのである。それ以外にも在所に留置されている者たちも少なくなかった。この中には、伝蔵女房とその幼子や卯之助女房とその幼子たちも含まれていたのである。ちなみに新庄村の石高は三九〇石九斗五升一合一夕である(「元禄郷帳」)。新庄村は現杵築市に属するものと勘案できる。

被差別民に対するこのような過酷な取扱いは、従来検討した百姓・町人身分を扱った諸事例とは異質な処置である。即ち捨て牛を行った百姓や、本書第四章で検討するように蛇を使って売薬した町人の家族、及び蛇の入手経路も取調べがなかったからである。

一般に牛が死んだ場合、牛持ちは牛の所持権を放棄して「死牛馬捨場」と称する場所へ捨てなければならなかったが、この事件の場合は死んだ「倒牛」はこの捨場へ持ち込まれず、死んだ場所に埋められたのであり、これを掘り出すことは草場取捌権の原則に「違反」すると判断されたのかどうかについては判明しない。またこの行為によって勘三郎に嫌疑が掛ったのかどうかについても同様である。なお立石領における落ち牛に関する草場取捌権が同領の穢多(勘三郎など)にあったことは史料では触れていないが、勘三郎たち穢多身分の株持ち層だけがこれを無償で拾い、解体して皮を剥ぎ、これを鞣して製品に加工し、かつ売買できる身分的特権を有したものであると考えられる。

さらに、「倒牛」事件の取調べの中で、生類憐み令について知っていたのかという訊ねは見当たらない。奇妙なことである。従って生類憐み令に関する法意識を具体的に覗うことは出来ない。これまで検討した諸事例とは異なっていたのである。

第五節　小括

東日本では農業において馬耕が一般的であるのに対して、西日本では取り分け九州では牛耕が一般的であるが故に、捨て馬事件に対して豊後国の「倒牛」に関する極めて詳細な史料を写本の形で後世に残した無名の筆者にまず感謝したいと思う。しかも倒牛の持主が被差別民であることから、被差別身分を含む近世身分制の研究に余り手を染めない近世法制史家の研究の現状に鑑みて、こうした研究は何がしかの意味があるのではないかと思う。

生類憐み令に触れた被差別民の事例は「御仕置裁許帳八」にあり、例の如く簡潔なものであるが、併せて紹介しておきたい。元禄六年（一六九三）七月二二日に評定所に懸けられた事例である。長右衛門、六兵衛、八助の三名は非人頭・車善七の手下とあり、非人身分である。彼らにつき猪のことに関する詮議があり、関八州の穢多頭・弾左衛門が召連れて来たのだという。穢多頭が非人頭を支配していたことが反映していた。即ち穿鑿の上で、牢舎となった。このうち八助は八月九日に死罪が決まり、長右衛門は「猪掘出し候者外ニ有之ニ付」、八月二九日に赦免となり、同じく六兵衛も九月一三日に赦免となった。同年七月二六日に同じく評定所に懸けられた事例では、高田馬場近所の戸塚村にいる非人の次佐衛門と、「同人所ニ居候非人」の十兵衛と太郎兵衛の三名につき、高田馬場の脇に埋め置かれた猪を掘り出した容疑により、穿鑿の上で牢舎となり、十兵衛、太郎兵衛は八月九日に死罪が決まり、次左衛門は九月一三日に赦免となった。以上のように、詮議に係わる具体的なことは判明しないのである。

さて日出藩から幕府の評定所首座の老中へ伺いを立て、やがて老中は生類憐み令に違反するとされた「倒牛」事件につき、遠国奉行の大坂町奉行・能勢出雲守頼相がその取調べと、その後の裁判も命じられたものと思料される。即ち、遠国における他領他支配関係の重大事件が評定所（当事件では主に老中を通じて）による大坂町奉行に取調べと裁判が命じられ、大坂町奉行は在地の領主の協力を経て、在地での申口などの供述をも得つつ、大坂に呼び寄せた多数の被差別民を含む「容疑者たち」を独自に詮議し、罪状を明らかにする「報告書」を作成して、如何なる刑罰に処すべきかを評定所首座の老中方へ裁判所として伺っているのである。

即ちこの「倒牛」事件では、倒牛の持主をめぐって他領他支配関係にあるために、評定所の首座である老中方から遠国奉行の一つである大坂町奉行へ吟味・裁判が命じられ、大坂町奉行は関係する領主たちへ自領内での詮議を命じた。「倒牛」の持主を始め、親族を含む極めて広範囲の関係者が大坂に呼び寄せられて、在地での証言などを吟味した上で口書が作成された。なぜ大坂町奉行が吟味・裁判を命じらえたのか、改めて考えてみると、現地での取調べや裁判が困難であり、多数の容疑者を呼び寄せるためには遠国奉行の内で大坂町奉行が最適であるという判断が評定所首座である老中たちの間にあったのではなかろうかと勘案される。なお、大坂町奉行の裁判結果は本史料には含まれていないが、大坂町奉行は老中たちの刑罰に関する指示をそのまま命じたものと勘案されるのである。

なお残された課題について述べておきたい。本稿で扱った生類憐み令に係わる豊後・豊前国を対象とする事件を幕府評定所、大坂町奉行、関係諸藩や地方史料との関連では部分的検討にとどまっているので、この関連研究は今後の課題であろう。また、本稿で検討した能勢出雲守の種々の処置や取調べに依るいわゆる「刑事訴訟法」に係わる具体的な問題点も残されているので、これからの課題と考えられる。この事件について、生類憐み令に関する法意識を問い質すという大坂町奉行などの取調べは史料の上では全く見えない、奇妙なことである。

以下、なお残された課題について申し述べたい。その一つは、最初の「倒牛」一件に係わって、豊後・豊前両国の被差別民制度である。ここには個別藩の制度の他に、さしあたり両国における被差別民特有の関係性は何かという問題である。この取調べを通じて、豊後国では「倒牛」の持主である日出藩領速見郡広瀬村の穢多・助六、この死んだ「倒牛」を掘り出した立石領速見郡鍛治屋「村」の穢多・勘三郎、助六姉の嫁ぎ先の高田藩領国東郡真玉、助六異腹の兄の相続先の杵築藩領速見郡新庄村、豊前国では助六は売り牛があると訪ね、また助六の弟が親から言われて銀子を借りに行った宇佐郡長須である。助六や勘三郎に典型的なように、豊前国の情報を多少得ており、実際の行き来も珍しくはなかったものと勘案される。こうしたことを手掛かりとして、先に述べたような課題に対する研究の着手が期待されるのである。

生類憐み令と被差別民との関係では、まず草場取捌権（斃牛馬処理権）の強化に機能したことが挙げられる。この権利は被差別民のうち特に株を持っている穢多・皮多だけが有する身分的特権である。従って同令は株を持たない被差別民たちの生牛馬や死牛馬の処理を厳しく禁じていくことに繋がっていくのである。

注

（1）平松義郎『近世刑事訴訟法の研究』創文社、一九六〇年、四一五頁以下。但しこの指摘は実証されたものではない。

（2）後藤『近世・維新期の民衆と法―東九州を中心に―』（文理閣、二〇二一年）第二章「有馬延岡藩の逃散一揆と、現代にいたる顕彰の法意識―百姓、諸藩、幕府・評定所をめぐって」一〇頁以下。

（3）前掲後藤『近世・維新期の民衆と法』第五章「日田代官（西国郡代）管轄下の変死事件をめぐる幕藩関係法―御料と二つの私領にかかわって―」一三五頁以下。

（4）『宮武外骨著作集』第四巻（河出書房新社、一九八五年）、「改訂増補筆過史」三五頁以下。

（5）草場処理権（倒牛馬処理権）と、その廃止令については、後藤『土地所有と身分―近世の法と裁判―』（法律文化社、一九九五年）第一〇章「明治維新期の草場廃止運動と草場廃止令」を参照。なお前掲後藤『近世・維新期の民衆と法』第四章「高鍋藩の廃藩にいたる部落史―明治初年の秋月氏『藩尾録四』まで―」によれば、文化三年（一八〇六）に日向国高鍋藩では武士による「牛生皮剝取」事件が生じている。

補章　豊後の倒牛事件の解読史料

ここでは、第三章に関する史料を掲載する。序章で紹介した拙稿「生類憐みの令に触れた豊後国の賤民」の解読史料を極一部で補訂してある。

解読史料④

去月廿七日之御覚書奉拝見候。捨牛仕候捨主幷親兄弟共二月廿七日之夜、当地之籠江入置申候間、弥以遂穿鑿注進可仕旨、先頃申遣候得共、其以後注進不仕候。委細遂詮議具ニ可申上由被仰下奉其旨存候。右牛之儀捨主江売渡候博労弐人小笠原修理太夫領分豊後（前）国之内、罷在候ニ付、此者共之口（書・脱）をも承、届候上ニ而注進可仕と奉存、修理太夫当地蔵屋敷留守居之者申、早速呼ニ遣候得共、海上風悪敷、漸先月廿二日之夜着船仕、翌廿三日召出、遂吟味申候。右之通御座候ニ付、注進延引仕候。委細別紙申上候。恐惶謹言。

四月五日

能勢出雲守
頼相花押

大　加賀守様
阿　豊後守様

戸　山城守様
土　相模守様

忝尊答

一筆奉啓上候。木下縫殿助領分豊後国立石領岩薬師河原病牛捨有之候ニ付、於当地穿鑿被　仰付候段、木下右衛門太夫承及、近所之事ニ候故、領内致吟味候得ハ、同国速見郡広瀬村穢多助六と申者牛主之由相知、助六幷親兄弟以上五人、従右衛門太夫差越之、且又縫殿助領分鍛冶屋（村）穢多勘三郎・同弟岩吉此弐人も右病牛之訳存知候様子、於豊後助六申出し候ニ付、勘三郎・岩吉義追而可差登之旨縫殿助家来申越候趣ハ、委細二月廿八日申上候。勘三郎・同弟岩吉召連罷登、二月晦日致到着候ニ付、段々詮索仕候。

一　右病牛之儀、去年極月一六日ニ小笠原修理太夫領分豊後（前）国宇治（佐）郡ひた（飛田）村博労権四郎・矢部村博労又左衛門と申者之方ニ而買取之、翌十七日広瀬村江牽帰候節、途中立石領ニ而右之牛早風に逢、倒候よし、助六申ニ付、権四郎・又左衛門申口をも為可承届（承可為届カ）、両人共呼登候様、修理太夫当地蔵屋鋪留守居之者ニ二月廿九日申渡、即刻申遣候得共、海上風悪、漸先月廿二日之夜、両人共参着、翌廿三日召出、牛買候様子相尋申候処、助六申通、相違無御座候。右之通一々承届、口書共帳面弐冊ニ相記し差上之申候。御仕置之（以下脱）。

四月五日　　同

同上

参人々御中

覚

此者病牛主、木下右衛門太夫領分豊後国広瀬村穢多　助六　弐拾歳

此者、右病牛初中後之様子存知罷在、右同断助六弟　三太郎　拾六歳

委細口書ニ相見へ申候。

右同断、木下縫殿助領分豊後国鍛冶屋（村）穢多　勘三郎　拾九歳

右同断勘三郎弟　岩吉　拾五歳

右同断。

右同断　勘三郎弟　虎吉　拾弐歳

此者病牛之様子曽而不奉存候由

申候、委細口書ニ相見へ申候。

木下右衛門太夫領分豊後国広瀬村

穢多助六父　伝蔵　五拾七歳

此者病牛之様子、当正月初而助六申聞

承候。此度在所ニ而病牛穿鑿之儀も被搦、

以後承旨仕候由申候。委細口書ニ相見へ申候。

右同断　助六兄　卯之助　弐拾六歳

此者ニハ病牛之儀、助六終不申聞候故、

様子不奉存候由申候。委細口書ニ相見へ候。

右同断。

右之者共八人、当地獄屋ニ入置申候。

此三人木下右衛門太夫領分豊後国
広瀬村ニ押込置候よし。右衛門太夫
より申来候。

此者儀、とく路く村江預ヶ置候様ニと
市正当地蔵屋敷留守居之者江申渡之。

此者四年程以前、豊後国都甲谷
穢多徳三郎方江縁ニ付候処、不縁ニ而亥年
親伝蔵方江帰り、無程致逐電、行衛不
相知候由、親伝蔵申候。

右同断　助六弟
秋助　拾弐歳

助六母
伝蔵女房
彦九郎　七歳
七　九歳

松平市正御預ヶ所、豊後国真玉
とく路く村穢多助四郎女房
けさ　弐拾五歳

助六姉
女郎　弐拾四歳

松平主殿頭領分豊後国（都・脱）甲谷
新庄村穢多助六腹替之兄
彦四郎　三拾三歳

此者儀、助六父伝蔵伯父新庄村仁右衛門娘を先年伝蔵
妻ニ呼入候処、三拾壱ヶ年以前致離別候。其刻懐胎ニ而
罷在、仁右衛門方ニ而彦四郎出生、依之祖父仁右衛門跡を
相続仕罷在候。助六為ニハ腹替之兄ニ而候故、新庄村ニ
預ヶ差置候様ニ、主殿頭当地蔵屋敷留守居ニ申渡候。

木下縫殿（助・脱）領分豊後国鍛冶屋村穢多
勘三郎母
勘三郎妹壱人
つま

此弐人之者、於立石領牢舎
申付候由、縫殿助家来之者
より申越候。

右拾五人之者共、如何可被　仰付候哉奉窺候。
重而御尋之儀も可有御座候哉と、于今当地留置申候者共。

木下縫殿助領分豊後国立石
喜多之原町之町頭
白木屋源次郎

病牛見付候もの
病牛有之所江出合候者

同断、杖ヶさこ村肝煎
七助

右同断

同断、上村組大庄屋助左衛門子
半三郎

右同断
同断、山口村小庄屋
四郎左衛門

右同断
同断、松ヶ尾村白（伯）楽
小兵衛

右同断
同断、徳清田村博労
又左衛門

右同断
同断、鍛冶屋村小庄屋
九郎兵衛

鍛冶屋村勘三郎を此者所江呼寄、
病牛之儀尋候処、不存候由、勘三郎申候ニ付、重而強く吟味も不仕候由申候。

小笠原修理太夫領分豊後（前）国
ひた（飛田）村博労
権四郎

同断、矢部村博労
又左衛門

此弐人之者、助六ニ
牛を売申候。

右九人之者共、如何可被仰付候哉、奉窺候。以上。

四月五日
能勢出雲守

豊後国速見郡広瀬村穢多
助六親伝蔵口上之覚

一　私仕牛所持不仕候ニ付、悴助六ニ銀子を為持、去年極月十五日豊前宇佐原と申所ニ縁者居申候ニ付、彼所ニ売牛有之段承候故、買ニ遣候得ハ、最前之牛売候而無之由ニ而同十六日罷帰申候故、銀子ハと尋申候得ハ、銀子ハ縁者共方江預置申候由申候而牛買之儀、曽而沙汰不仕候。其後当正月七日立石之穢多勘三郎私所ニ参候而申候ハ、立石岩薬師河原ニ助六捨置候牛死申ニ付、埋置候を掘出し、皮を剥申候段申ニ付、私申候ハ、其段曽而助六不申聞候ニ付、今迄此方不存候。左様之儀ニ候ハ、其皮此方江くれ候様ニと申候得ハ、勘三郎申候ハ、此皮遣候事不罷成候由申候。以上。

二月十九日

本人助六口上之覚

私親伝蔵仕牛所持不仕候故、牛買ニ参り候様ニと申付、銀子相渡、辰極月十五日在所罷出、豊前之内、長須ニ売牛有之段、兼而承り候ニ付、彼地穢多善吉と申者之所江参候得ハ、右牛ハ売不申由申候ニ付、可罷帰と存候処、善吉申候ハ矢部村江参り候而承り候様ニと申候ニ付、彼所江参リ可申と存、川筋ひだ（飛田）と申所江参り候得ハ、権四郎と申者申候ハ矢部村又左衛門と申者赤毛之男牛人突所持仕候。此牛を売可申由急ニ申候間、此牛を肝煎買可遣由申候而銀子ニ而買、右牛を宇佐より西町はつれ野相ニ而請取申候而罷帰候処、大雪降、立石御領石（岩）薬師（一字アキ）下之河原ニ而たをれ伏申ニ付、同村穢多勘三郎所ニ参候得ハ留守ニ而御座候。同人弟いわと申者居申候ニ付、其方此牛少能成候ハヽ、何卒連寄置呉候様ニと申候得ハ、岩申候ハ兄居不申間、可仕様無之由申候得共、勘三郎（三太郎）追付可罷帰候間、弥相頼候段申、其侭捨置罷帰申候。親伝蔵牛買候哉と尋申候ニ付、牛無之、銀子ハ善吉所ニ預ヶ置候由申候。其後勘三郎所ニ参り不申候。其以後勘三郎助六所ニ参り候而右牛死候を埋置候ニ付、掘出し皮を剥申段申ニ付、左候ハヽ、其皮此方江呉候様ニと申候得ハ、勘三郎申候ハ此牛之皮ハ遣事不罷成候よし申候。以上。

二月十九日

助六兄夘之介（助）口上之覚

捨牛之様子弟助六如何様共沙汰不仕候ニ付、曽而不奉存候。右之牛死申候近日ニ而可有御座候。私（二字分アキ）之親（二字分アキ）長須ニ居申候病者ニ御座候故、見舞（二字分アキ）節、立石勘三郎所立（寄り・脱）申候得ハ、勘三郎赤牛之皮を剥、庭の内ニ持来置申候。夘之助申候ハ、如何様之牛之皮ニ而候哉と尋候得ハ、定而将（二字分アキ）儀候哉、死居申牛之皮ニ而（二字分アキ）申候。具成義ハ不承届（二字分アキ）より直ニ罷帰申候。以上。

二月十九日

助六弟三太郎口上之覚

私儀、親伝蔵豊前之内、長須ニ銀子借り候使ニ遣申候。長須平助所ニ而銀子弐拾目借、罷帰候処、立石ニ而勘三郎牛を掘出し申処ニ通り合申候ニ、勘三郎申候ハ加勢仕候へと申候ニ付、合力仕、掘出し、皮を剥申、手伝仕、其処より直に在所江罷帰申候。前後牛之様子ハ不存候。帰り申候節、立石つえがさこ（杖ヶ迫）と申所ニ而兄夘之助ニ逢申候得共、如何様之儀も不申候。以上。

二月十九日

助六弟秋助口上之覚

捨牛之儀ハ、少も様子不存候。毎日山江参、薪を伐、又田畑を作候所江参り候ニ付、勘三郎参り候段も存不申候。以上。

二月十九日

広瀬村穢多伝蔵従類

伝蔵女房女壱人　　伝蔵子九歳女子壱人

伝蔵子七歳男子壱人　　夘之介（助）女房女壱人

夘之介（助）子当歳男子壱人

右五人、他村庄屋ニ預ヶ置申候。以上。

二月十九日

覚

本人　　助六　　本人親　伝蔵

本人兄夘之助　　本人弟　三太郎

本人弟秋助

以上

助六弟三太郎二月廿五日船中ニ而追而申候口上之覚

私儀、親伝蔵申付、豊前之内、長須と申所ニ銀子借ニ参候。宿を罷出候節、兄助六儀も豊前江牛買ニ参候間、可致同道由申候ニ付、つれ立、立石勘三郎所迄参候得ハ、勘三郎之儀も真玉と申所ニ用事御座候而参り候間、可致同道由申ニ付、以上三人連ニ而豊前一ツ屋と申所迄参り候。此所より勘三郎義ハ真玉の方へ参り申候。助六・私義ハ夫より豊前のねこ橋と申所迄参、此所ニ而助六義ハ宇佐原道江参り、私ハ長須道ニわかれ参り候而、長須の穢多平助ニ銀子借受、一宿仕、翌日罷立、立石勘三郎所迄参り申候得ハ、勘三郎弟岩吉申候ハ、其方兄助六豊前ニて買申牛之由ニ而先程岩薬師迄飛（牽）き参り候処、此牛煩、在所迄牽参候事不成、川原ニ置申候。追付其方も豊前ゟ参筈ニ候間、来候ハヽ、牛ニ付居申、致養生、少能成候ハヽ、飛（牽）戻り候様ニと申置候由ニ付、早々私義彼牛伏居申所ニ参り見申候得ハ、こもをきせ置申候。則立戻、勘三郎所ニ而大豆少借請、煮申候而暮時分ニ牛置申所ニ参り見申候得ハ、其内ニ牛死申候ニ付、又勘三郎処ニ参り一宿仕、翌日勘三郎罷帰候迄逗留仕候。勘三郎帰申候而此牛之儀始終承、其後宿を罷出、慥御座候而、帰私ニ申候ハ右之死牛之皮はき不苦事ニ候間、埋置候を掘出し、はき可申候間、手伝をも致候と申ニ付、同道仕参り申候。此節勘三郎弟岩吉義も参り候而皮をはき仕舞、勘三郎所迄持参候而、以後私義在所江帰申候。

二月廿六日

今度立石御領ニ捨牛御座候ニ付、私支配之村中捨牛仕候者御座候哉、僉議仕候様ニと、今月四日ニ被仰付候。尤大庄屋久左衛門も厳敷申渡候ニ付、無残所僉議仕候得共、捨牛之主無御座候。此段右久左衛門迄申断候得ハ、乍此上急度被仰付候間、久左衛門義立合、私目前之吟味可仕由申候而、壱人ツヽ別段ニ僉議仕候処ニ、今月十八日之夜、広瀬村穢多助六白状ニ而、此もの右捨牛之主ニ相極り申候。助六段々之申分、久左衛門目前ニ承申候。久左衛門口書ニ仕上候処、少も相違無御座候。以上。

己巳二月十九日

広瀬村小庄屋

彦十郎印

木下縫殿助知行豊後国速見郡立石村ニ倒有之候牛主未相知以前、立石領之者共大坂江召寄、吟味仕候口書帳

木下縫殿助知行所豊後国速見郡山香内立石村岩薬師河原ニ病牛倒有之、僉議之一件。牛主未分明以前致吟味候覚

立石村ゟ大坂江召登せ候者共

木下縫殿助家来郷方役人　小野伊右衛門

同人家来郷廻足軽　後藤弥五右衛門

同人知行所喜多之原町丁頭　白木屋弥次郎

同断杖ヶさご村肝煎　七助

同断上村組大庄屋助左衛門子　半三郎

同断山口村小庄屋　四郎左衛門

是ハ半三郎大庄屋役未相勤候其内支配人

同断松ヶ尾村白（伯）楽　小兵衛

同断徳清田村博労　五左衛門

已上八人

郷方役人　小野伊右衛門口上

一　立石領ニ病牛倒有之を見付候様子并牛之恰合（好）委細に御尋被成候。去年極月十七日之朝五ツ過、喜多之原町之町頭白木屋弥次郎と申者立石領鬼丸村延隆寺江参詣仕候。則道筋岩薬師河原ニ病牛有之を見付、郷廻足軽弥五右衛門江右知（ら・脱）せ候ニ付、弥五右衛門早速欠（駆）付見候処、夜中ゟ捨置候と相見へ、十六日之暮ゟ雪降候ニ付、牛ニモ雪懸候を近郷杖ヶさご村之肝煎七助を呼出し、其後其近

辺之小百姓共立合、藁火を焼、温め申候。牛ハ赤毛の男牛ニ而古く病牛と見へ、粥をも給不申候由、弥五右衛門申来候故、留守居山田平蔵へ弥五右衛門同道ニ而罷越申聞候得ハ、人家江舁入、致養生候之内、平蔵申ニ付、私も其場へ罷越、松ヶ尾村白（伯）楽小兵衛を呼、牛為見候処、殊之外弱り息もあるなしの躰にて、養生不叶候由申候。其日七ツ過、牛死候ニ付、其所江埋申候。牛之惣躰疵無之、病牛と相見江申候。鼻くり追綱付御座候。

一　右牛之儀、吟味致様於在所牛持之者共ハ不及申、惣百姓・白（伯）楽・博（労・脱）等之者人別ニ吟味を遂候哉と被成御尋、惣百姓幷牛持候者共ハ勿論村之小庄屋之申口も、私とも直ニハ不承、大庄屋与左衛門・杢左衛門・半三郎三人之者江留守居山田平蔵・安東太郎兵衛・私一所（緒）ニ申渡、十七日之晩より廿三日迄、村々為致吟味候得共、領分之牛ニ而無之由申候ニ付、其趣大庄屋三人ニ證文致させ僉議ハ差止申候。

一　右之牛歳寄、其上病牛ニ無紛由、白（伯）楽小兵衛申、殊ニ雪降候時分程遠き所ゟ牽牛通リ可申道理無之候段、十六日暮方迄元気よく遠方より牽出し候とも、暮ニ及ひ雪も逢候へハ、先一宿可仕様ニ相聞候。立石領之牛に無之候共、牛牽通り候者近付之筋目にて少之間にても宿を致し候者有之カ又ハ五、三日前より右之牛預り居候もの有之とも、自分之牛ニ而なく候故、庄屋年寄江も断ハ申間敷候。ヶ様候処、在所ニ而吟味仕届候哉幷在所ニ而取沙汰如何承候哉と被成御尋候。努々右之通之吟味迄ニハ及不申、兎角領内之牛にて無之由、大庄屋證文差出候上ハ、委不及僉議了簡（見）にて落着仕候。所ニ而之取沙汰何共不承及候。

一　此度被仰付致持参候牛持共之名前帳、同売買又ハ牛替に致し候者之訳書付候趣、不分明候ニ付、惣別牛馬改帳庄屋手前ニ差置、有来候牛を払ひ或ハ仕替、或ハ死候砌ハ其時々に庄屋江相断、帳面に付置、牛之行方幷生死具ニ相知候様ニ兼而致置候哉と被成御尋候。左様之帳面庄屋手前ニ無之、此方よりも終ニ不申付候。此度致持参、去辰二月当巳二月牛馬改帳二冊ハ其時々有物計之書付にて御座候ニ付、年中之売買・生死之増減相知不申候。此度牛馬之売買致候者改罷上り候様ニと被仰下候ニ付、俄ニ大庄屋ニ申付、夫より小庄屋共承、村々之者共覚之通口上ニ而申候を巻物に書記、庄屋共差出候故、持参仕候。右之通元々究たる帳面無之候ニ付、不埒ニ御座候。

郷廻足軽

後藤弥五右衛門口上

一　岩薬師河原之病牛見付候刻限・同様子被成御尋候。去年極月十七日四ツ前、白木屋弥四（次）郎申来候ハ河原に病牛有之候由、告知遣候ニ付、早速欠（駆）付、様子見申候処、赤毛之男牛ニ而殊外疲、夜中ゟ倒居申候と相見へ、十六日暮ゟ十七日昼迄ハ雪降候故、牛にも雪懸り在之ニ付、近杖ヶ迫村肝煎七助を呼出し、百姓共呼寄、菰莚なと着せ、粥を給させ候得共、喰候程ちから無之候ニ付、其段小野伊右衛門ニ申聞、伊右衛門同道ニ而留守居共江も申聞せ候ハ、養生致しとらせ候へと申候故、私付居申処、七ツ半時分死候ニ付、留守居幷伊右衛門差図を受、其所江埋申候。

一　牛ニ追綱付在之候哉、裸牛ニ而候哉、側ニ人居候哉と被成御尋候。其段然と見届不申候。牛之傍ニ茅等引ちらし御座候ハ慥ニ見覚申候。私欠（駆）付候節ハ近辺ニ人居不申候。

一　在所ニ而右牛之儀、如何様ニ致吟味候哉、其折節博労其外ニ而も牛を引通り候者、当分之宿致し候か又ハ見及候者在之哉、且又所ニ而之取沙汰・風聞も可有之事ニ候間、承り候趣申上候様ニも被仰付候。私義ハ郷廻一筋ニ而村中吟味之亊ハ其所之庄屋仕候故、様子不存候。取沙汰・風聞も承不申候。

立石領内喜多之原町之町頭

白木屋弥次郎口上

一　病牛最初ニ見付候。目毛色鼻繰・追綱付、菰・莚なと着せ有之候哉、近辺ニ人有之候哉、見届候通、委可申上由被成御尋候。去年極月十七日私父忌日ニ付、鬼丸村延隆寺江可参と存、朝五ツ過之頃罷出候処、道筋岩薬師河原ニ牛倒、頭動候ニ付、立寄見候得ハ、惣躰ニ雪かゝりうめき候。息之通ひ相聞候ニ付、寺江も不参、直ニ郷廻り後藤弥五右衛門ニ申聞せ候。其後私義ハ牛之場所江も不罷出候ニ付、様子不存候。見付候砌、菰を懸け、鼻繰迄綱付在之哉、其段然と見分ヶ不申、毛色も見届ヶ不申候。近辺ニ人ハ無御座候。

一　在所にて右牛之儀、穿鑿之様子被成御尋候。同月十八日頃留守居山田半蔵・安東太郎兵衛申付、私相捌候町中、牛持之手前吟味仕候共、牛主無之候ニ付、其段私手形差出候。郷方吟味ハ私支配ニ而無御座候ニ付、様子不存候。

立石領内杖ヶ迫村

肝煎七助口上

一　病牛之儀、委御尋被成候。去年極月十七日之朝、郷廻後藤弥五右衛門私を呼出し、岩薬師河原ニ病牛有之由申候ニ付、罷越見候得ハ、赤毛之牛ニ而鼻くり追綱付、綱ハ切かぶに結付、牛には破菰壱枚着せ、其上に雪降懸り在之候。百姓共呼集、火を焼、温め、菰・莚ヲ着せ、粥を喰せ候得共、給不申、其日七ツ過、死申候。小野伊右衛門参、段々様子見届候上、其所ニ埋申候。

一　雪降と申、病牛之儀ニ候得ハ、程遠き所より可参様ニ不相聞候。何とそ心当之儀も有之候哉、在所ニ

而少々迄之取沙汰如何様ニ申候哉、委細可申上由被仰聞候得共、何共不承、尤存寄曽而無御座候。

一　在所にて吟味之様子被成御尋候。村中之牛持とも小庄屋前江呼寄、承合候得共、牛主無御座候ニ付、其段大庄屋江申達候由承候。此外之儀不存候。

立石領内上村組大庄屋助左衛門子
半三郎口上

一　病牛見及候様子被成御尋候。去年極月十七日四ツ時分、肝煎七助申来候ハ、岩薬師河原ニ病牛在之候。其方父助左衛門病中ニ付、名代に罷出可致吟味由、郷廻後藤弥五右衛門申越候由申ニ付、山口村小庄屋四郎左衛門同道致し、牛之場所江参り見候処、拾歳計之赤毛男牛ニ而痩、漸息之通申迄ニ相見へ候。白(伯)楽小兵衛参り、見届、養生無之由申候。其日七ツ過、死候ニ付、小野伊右衛門差図にて其所江埋申候。

一　右牛之儀、在所ニ而吟味之様子被成御尋候。大庄屋与左衛門・杢左衛門私方江参り、小庄屋共呼寄、吟味仕候。私義ハ親助左衛門去年七月より相煩、同極月廿七日果候ニ付、其節ハ看病ニ取込、出合不申候故、委様子不存候。山口村小庄屋四郎左衛門ニ御尋可被下候。

一　右之牛、立石領之義ハ不及申、他領にても見知たる牛ニ而無之哉、又ハ牽通り候者見及候歟、少之間にても百姓之方ニ宿仕候者無之哉と御尋被成候。左様之覚、曽而無御座候。

一　病牛之儀ニ付、近所ニ而様々取沙汰可有之事ニ候。いか様ニ風説仕候哉、其様子申上候様、度々被成御尋候得共、何之沙汰も不承候。

一　此度持参仕候牛売買之者共之書付之義、旧来庄屋方ニ帳面有之而増減書記候写ニ候哉、但当座口上に

て承合候趣を書付参り候哉と被成御尋候。然と致したる帳面と申物も無御座候故、当地江罷上候刻、小庄屋共口上ニ而申聞候趣書載申候。私より小庄屋共様子能存可罷在候間、御尋可被下候。

立石領内山口村小庄屋
四郎左衛門口上

一　去年極月十七日之朝、岩薬師河原ニ病牛有之よし、半三郎ゟ申越候故、参り見候処、十歳計之赤毛男牛ニ而身ニ疵も無之、息之通ひ少有之候。白（伯）楽小兵衛参り見候而養生不叶由申候。其日之七ツ過、死申候ニ付、小野伊右衛門差図ニ而其所ニ念を入、埋申候。

一　右之牛之儀、在所ニ而吟味仕候様ハ大庄屋申渡シ、小庄屋共其村々之牛持共手前承合候処、牛主不相知候故、其趣大庄屋江申聞候。

一　私支配仕候山口村に有之牛、去年中売払候も御座候故、先々買主之儀承届候哉、左様之節之書付等有之候哉と被成御尋候。買取候者之手前ハ不承、売候由之断計承置、毎月晦日大庄屋江口上ニ而申聞、大庄屋より代官江相断申候由、此段書物ハ無御座候。

一　右牛之儀、雪降と申、老牛之叓ニ候へハ、程遠き処より可参様ニハ不相聞候。在所にて百姓共之取沙汰又自分之存寄致物語候得と被仰聞候段、息災にても年寄牛ハ遠路ありき候事成間敷候。まして病牛之事に候へハ、一、二、三里之間より牽参りたる様ニ存候へ共、推量之儀ニ御座候故、難申上候所ニ而之沙汰ハ何共不承候。

一　惣而博労ハ用ニ不立牛をも買求、色々手入を致シ売付申儀候間、右之時節博労ヶ間敷者在所致往来候を見及、聞及候哉幷常々博労共売買ニ参候刻、宿之儀被成御尋候。領内に而ハ博労又右衛門其外百姓共

方ニも近付次第、宿仕候得共、右之節宿致候者之儀不承、勿論見及候者無御座候。

立石領内松ヶ尾村白（伯）楽

小兵衛口上

一　岩薬師河原牛之儀、年寄病牛ニ究候哉、達者成も俄ニ煩、行倒れ申者ニ而候哉、此度之牛ハ旧来煩候躰ニ見申候哉と被成御尋候。牛にはたち早風と申、急病御座候故、乍行も死申物ニ而御座候。此度之牛も風に逢候と相見へ、口より風吹出し候迄ニ而養生不罷成候ニ付、薬を用不申候。年ハ十計ニ相見候。持様悪敷、草臥たる躰ニ見江申候。飼立候ハヽ、つかい牛ニ可罷成様子に御座候。

一　牛にハ鼻繰・追綱付有之候哉と被成御尋候。追綱付、綱之先ハ木之株ニ結付御座候。私参り候節ハ百姓共大勢集、罷在候。

一　牛ハ惣而道法いか程計あるき候哉と御尋被成候。達者成者日永なる時分、平地七、八里程ハ歩申候。此度之牛ハ老牛ニ而其上雪降ニ候得ハ、中々遠路ハ参間敷被思召候由、私躰も其通存知罷在候。在所ニ而の下々迄取沙汰之様子承候ハヽ、申上候様被仰聞候得共、何共風説不承候。

立石領内徳清田村博労

又左衛門口上

一　立石病牛之儀、博労共捨事ニ可在之候。右之時節他所より参候博労ニ当分之宿ニても致候哉、有躰ニ可申出候。少ニ而も心当り有之儀を申隠し、穿鑿之上、相知レ候ハヽ、急度被仰付由、色々被成御尋候得共、其砌私所江ハ博労ニ不限、牛牽壱人も不参候。其外少も心当之儀無御座候。

一　牛ハ道法いか程計あるき候哉、売買之直段も各別高下有之哉と被成御尋候。達者成若牛ハ追様能御座候得ハ十里程もあるき申候。直段之儀ハ女牛ハ銀五、六拾目も仕候。男牛ハ四十目計仕候。夫より下ハ牛の年バヘ恰合（好）次第、段々下直ニ売買仕候。右河原ニ而死候牛ハ十歳計ニ相見ヘ、其上寒気之節ニ候間、程遠くハ参間敷様ニ存候。

一　博労之儀ニ候得ハ、右之牛見知たる事可有之候。他領之儀ニ而も無遠慮申出候得と被仰聞候得共、終ニ見及たる牛ニ而無御座候。以上。

右之者共口上之趣一通相尋候中、木下右衛門太夫方より牛主差上遣候ニ付、右八人之者共僉議差止申候。且又牛主不相知以前為穿鑿、立石より二、三里四方之在々幷道筋之絵図縫殿助家来之者ニ申付、立石より取寄候得共、最早此度差上ニ及申間敷哉と奉存候。爰許ニ差置申候。以上。

巳四月五日　　　　　　　能勢出雲守

木下縫殿助知行所豊後国立石村ニ倒有之候牛主相知、本人其外一件之者共大坂江召寄、遂吟味候口書帳

木下右衛門太夫知行所豊後国速見郡
広瀬村穢多伝蔵次男
牛主　　弐拾歳
助六申口

一　私親伝蔵儀、壱町余田畑所持仕候ニ付、常々牛を持来候。去年極月十六日豊前国之内宇佐郡飛田村権

四郎と申者方ニ而牛求申候。其節弟三太郎儀も同国長須村穢多平助方江用之義御座候而参り候ニ付、召連、十六日之朝五ツ時分罷出、通り懸りニ立石領之内、乙丸之穢多勘三郎処江立寄候得ハ、是も同国またま（真玉）と申所へ参候よし申ニ付、三人連ニ而罷越、先ニ而銘々ニ別れ、私義ハ右権四郎所江参り、牛之義相尋候処、黒毛鹿毛駁六歳之男牛権四郎所持致候。望候ハヽ売候半由申候ニ付、直段拾三匁ニ相究、牽帰候筈ニ致約束候処、同国矢部村又左衛門と申者赤毛八歳計之男牛牽参り候ニ付、様子見届候得ハ、右権四郎手前之黒毛牛よりハ達者ニ相見へ候ニ付、此牛欲由申候へハ、権四郎致挨拶、権四郎と又左衛門牛替ニ仕、私江赤毛之牛相渡候ニ付、十六日七ツ時分牽帰候処、弐里程参り候得ハ、日暮雪も降候ニ付、立石領之内影平と申所ニ石仏入置候辻堂有之候ニ付、此所ニ伏り、牛ハ同所森之下江繋置、夜明時分牛を引、罷出、立石之町迄参り候得ハ、夜明ヶ申候。無程岩（薬・脱）師（河・脱）原江参り候処、牛早風に逢、俄ニ倒、色々仕候得共、起不申候。連も無御座、私壱人之儀ニ候得ハ、可仕様も無御座、近所故、右之穢多勘三郎所江参り、牛に飼候大豆を貰、牛之口へ入候得共、給不申候。勘三郎ハ留守故、岩吉ニ申置候ハ、只今牛風に逢、河原ニ倒申候。我等付居申度候得共、親伝蔵義散々相煩申ニ付、在所江罷帰候。弟三太郎長須ゟ追付罷帰、是へ参り可申候間、右之趣申聞かせ、何とそ物なと喰せ、ちから付候ハヽ、牽帰候様ニと申届呉候様ニ頼置、牛ニハ菰・茅等着セ、追綱ハ近所之木株江結付、私義ハ罷帰候。翌十八日弟三太郎も在所江罷帰、私江為申聞セ（ママ）候ハ、右之牛ニ勘三郎方ニ而大豆を煎、喰せ見申候へハ、給不申、十七日之晩方死候ニ付、所之百姓共出合、河原江掘埋申候。勘三郎十八日豊前ゟ帰候間、右之様子致相談候へハ、笑止存候。然上ハ皮を剥可申由ニ而勘三郎・同弟岩吉・私三人にて掘出し、皮を剥、頭ハ念を入埋置候由相談仕候。其後勘三郎ニ逢、右之牛不慮に死損を致し候。責而剥候皮を呉候へと申候得共、承引不仕候故、無是非其通り仕候。

一　親伝蔵儀ハ相煩、罷在候。幷兄夘之助ハ別家ニ居申候ニ付、牛死候様子曽而不申聞、当正月中頃右之様子伝蔵ニ初而申聞せ、夘之助ニハ終ニ不申聞候。

一　極月廿日頃ニ而も可有御座候。右権四郎方江之牛代拾三匁分銭ニ而致持参、其節手前ニ持合候女牛を牽参、銭可渡由申候得ハ、女牛望ニ候間、銭之代ニ渡候得と権四郎申候。女牛ハ子を成シ申儀ニ候得ハ、拾三匁之方にて不成候。おいを出し候ハヽ、可遣よし申候へハ、銀弐匁出し候付、則女牛を相渡し申候。

一　二月十八日在所ニ而野はり（原カ）村大庄屋久左衛門方江夘之助・私呼寄、立石領岩薬師河原捨牛之儀、僉議有之候。其方共牛主不存候哉と尋候ニ付、其牛ハ私豊前ゟ買参候時分早風ニ逢、倒候故、弟三太郎を付置、致養生候へ共、死申候。其段ハ立石之穢多勘三郎・岩吉も具ニ存罷在候。捨申牛ニ而無御座候由申候へ共、縄を懸ヶ申候。

助六弟

三太郎申口　　十六歳

一　豊前長須之穢多平助所江参り銀（子・脱カ）を借り参り候へと親伝蔵申付候。其頃兄助六義も牛之才覚ニ豊前江参り候由申ニ付、去年極月十六日兄弟連ニ而罷出、乙丸之穢多勘三郎所江立寄候ハ、勘三郎も豊前之内江参り候ニ付、三人同道仕、私義ハ十六日之夜、平助所ニ泊り、翌十七日之朝罷出、同日昼過勘三郎方江立寄候得ハ、勘三郎ハいまた不帰、弟岩吉為申聞候ハ、助六豊前より追参候。牛今朝岩薬師河原ニ而風に逢、倒申候。其方付居候而致養生候様に申届呉候得と申置、帰候由申聞せ候ニ付、早速牛之所江参、見候へハ芝等菰を着せ、追綱之さき傍成木之根ニ結付御座候。牛未死不申候ニ付、粥を給させ可申之候と存、勘三郎所へ参り、大豆を煎、牛之側へもち参候へ共、次第ニ弱り、物を給申ちから無御座候ニ付、可致様無之、勘三郎所江帰り罷在候。其砌百姓河原江罷出、何方之牛ニ而候哉と尋申躰ニ相見へ候得共、此方之牛にて候由申候ハヽ、悪敷事ニ而可有之哉と存、百姓共江何之断をも不申候。牛七ツ過に死申候。百姓共出合、其所江埋候を見申候。其夜ハ勘三郎所ニ泊り申候。翌十八日勘三郎罷帰候間、右之段申聞せ候得ハ、皮を剥可申候、其方と岩吉先へ参り掘出し候へと申付、跡より勘三郎も参り三人ニ而剥申候。時刻ハ昼之八ツ時過ニ而御座候。夫より私義宿江罷帰、兄助六江様子申聞せ候。親伝蔵ハ病中故、不申聞候。

木下縫殿助知行所豊後国速見郡
鍛冶屋乙丸之穢多　　十九歳
勘三郎申口

一　私儀、去年極月十六日豊前之内またま（真玉）と申所之穢多勘助・又兵衛両人所江見廻参候時分、助六・三太郎も道連仕候。私義ニハ右両人之方江一宿宛二夜泊り、十八日昼時分宿江帰り候得ハ、三太郎罷在、申きかせ候ハ、助六豊前より牛をもとめ参り候処、此朝河原ニ而風に逢、死申候処、昨晩百姓共埋候由申候ニ付、早々申候（ニ・脱）付、早々掘出し皮を剥候所へ、大庄屋半三郎通り懸り、跡を念を入、埋候得と申付候故、弥念を入、埋申候。其以後助六申候ハ達者成牛不存寄風に逢、死申候。責而皮をくれ候得と申候得共、牛馬之皮剥候儀ハ穢多共取切ニ仕来候故、助六ニ遣シ不申、皮ハまたま（真玉）村之穢多五兵衛ニ代拾七匁ニ売申候。

一　皮を剥ニ参り候刻、鍛冶屋村之小庄屋九郎兵衛所江参り、昨日ハ河原ニ死牛有之而百姓中骨折候由承候旨申候へハ、自然此牛之様子、其方なとハ不存候哉と九郎兵衛挨拶仕候。急度致たる尋ニ而も無之故、牛之儀不存候由申候。

右之九郎兵衛・勘三郎ニ付、罷上候ニ付、様子尋候得ハ、勘三郎申口と相違無御座候。

勘三郎弟　岩吉申口　十歳

一　去年極月日ハ覚へ不申候。早朝助六参り申候ハ、只今河原ニ而早風ニ逢、牛倒候。大豆少くれ候へと申候。折節手前之牛ニ喰せ候として焼候大豆有合候ニ付、遣し申候。其節菰・藁入用之由申候ニ付、是又遣し申候。無程助六立帰申候ハ、牛ニ付居申度候へ共、親伝蔵煩候ニ付、罷帰り候。後ほと弟三太郎可参候間、牛に付居候而何とそ養生致し、力付候ハヽ、牽帰候様ニ申届呉候得と申置、罷帰候。其日昼時分三太郎参り候間、右之趣申聞せ候得ハ、是も私方ニ而大豆を焼、盥へ入、牛之倒候所へ持参候得共、給不申候由ニ而、私所江帰申候。其日ハ私方江三太郎泊り、翌日勘三郎豊前ゟ帰候間、三太郎・私両人にて牛死候次第、段々物語仕、則三人にて皮剥申候。

小笠原修理太夫知行所豊前国宇佐郡

飛田村博労　権四郎申口

一　去年極月日ハ覚不申、十日過、助六参り申候ハ達者成る牛有之候ハヽ、求呉候へと申候ニ付、外ニ心当ハ無之候。我等致所持候黒毛鹿毛駁六歳之男牛望候ハヽ、可遣由申候へハ、助六見申候て代拾三匁ニ売候ハヽ、欲由申候。此牛常々心悪敷つかひにくゝ御座候ニ付、下直ニ候へ共、売可申と存、拾三匁ニ相究候処、同国矢部村又左衛門と申者八歳計ニ相見へ候赤牛之男牛を牽き参り、是ハ人を突候由ニ候得共、達者ニ見ヘ候ニ付、同国大根河原ニ而買参候由申候。助六此牛を見候而私所持之黒牛を望候直段ニ而相極候共、又左衛門牛売候ハ、ふしき由申ニ付、其段又左衛門ニ申候ハ、人突候を疵ニ申立、拾三匁ニ買参り候。元直段ニ売候儀ハ難成候。其方黒毛と牛替ニ致し候ハヽ、替可遣由申ニ付、則牽替、助六ハ又左衛門手前之赤毛を請取、其日七ツ時分罷帰候。又左衛門ハ私手前之黒毛を牽帰申候。其以後四、五日過、助六右之牛代拾三匁持参仕可相渡由候。其節黒毛之女牛牽参り候。私望ニ存、代物ハ請取間敷候。拾三匁之方ニ女牛をくれ候へと申候得ハ、下直ニ売事不成候間、おゐを打候へと申候ニ付、銀二匁出し女牛私取申候。

小笠原修理太夫知行所豊前国宇佐郡
矢部村博労
又左衛門申口

一　去年極月十日過、同国大根河（川カ）村伊兵衛と申者之方より赤毛八歳之男牛銀拾三匁ニ買、通り懸ニ飛田村権四郎方江立寄候得ハ、助六と申者罷在、私牽参り候牛を権四郎所持之牛と替呉候様ニと両人頼候ニ付、此赤毛ハ人を突候故、恰合（好）より下直ニ候。其段合点ニ候ハヽ、替可遣由候へハ、突候儀不苦候由、助六申ニ付、権四郎牛と引換、助六ニ相渡申候。大根河村より飛田村迄弐里之間、追参候処、殊之外達者にて、又左衛門を牽立候程にありき申候。立石領ニ而彼牛死候義不審ニ奉存候。

木下右衛門太夫知行所豊後国速見郡
広瀬村穢多助六親
五十七歳
伝蔵申口

一　去年極月十日時分、立石之博労半之丞と申者黒斑拾歳計之女牛牽参候を悴助六買取、私方ニ四、五日も差置申候。女牛ハ田畑をすかせ候に男牛よりハ力弱候ゆへ、男牛に買替へ候得と申付候。私義其頃ゟ疫病を相煩、何之様子も不存候。漸々正月ニ成、快気仕候ニ付、麦作之時節ニ罷成候へハ、牛持不申候而ハ耕作難成候。右之女牛ハ如何致候哉と助六ニ尋候得ハ、去方ニ預ヶ置候。去年極月飛田村権四郎方ニ而能牛を買参候処、道ニ而早風ニ逢、死申候由申聞せ候。権四郎方ニ而女牛ハ牛替ニ仕候由、此度爰許ニ而御穿鑿之上、初而承り候。右之仕合故、前後之様子曽而不奉存候。

助六兄　弐十六歳
卯之助申口

一　私義、妻子を持、助六とハ別家ニ罷在候ニ付、助六牛牽ころし候儀、終不申聞候故、不存候処、去頃在所にて私兄弟庄屋方江呼れ参り候刻、助六申聞せ、牛死候様子始而承候。

助六弟　十二才
秋助申口

勘三郎弟　十二才
虎吉申口

一　私共義ハ、常々山江参、薪之芝を取ありき、宿ニ居候間も無御座候。岩薬師河原牛之様子如何様之儀も不存候。

右之者共遂僉議候処、前後申状無相違、又少々相違仕義御座候ニ付、度々召出、段々穿鑿之上、相決候趣、如斯御座候。以上。

巳四月五日

能勢出雲守

覚

惣而人宿又ハ牛宿、其外ニも生類わつらひ重く候へハ、未夕不死内ニ捨候様ニ粗相聞候。右之不届のやから於有之ハ、急度可被　仰付候。密々ニてケ様成義有之候ハヽ、訴人ニ出べし。同類たりといふ共、其科をゆるし、御ほうひ可被下候。以上。

口上之覚

右之御法度書出候上ハ、身躰かろきものハ難義（儀）可仕候間、はごくみ兼候者於有之ハ、町人ハ町奉行、地方ハ御代官、道中筋ハ高木伊勢守、給所ハ地頭江訴可申候。其品せんき（僉議）の上、相応ニ可被　仰出候。以上。

第四章　武士の鹿狩、江戸の蛇使い・犬への傷害などの事例

本章ではまず武士の鹿狩りの事例を取り上げ、農村における馬や牛をめぐる事例と異なる都市での蛇使いや犬への傷害の事例、狼害への脅し鉄砲や御放鳥をめぐって検討する。

第一節　武士の鹿狩事件

年欠史料⑩については、先の「御仕置裁許帳八」によれば、この事件の受付は評定所で元禄七年（一六九四）七月一日とあり、「嚴牆集二」では同年閏五月二六日とある。御歩行頭の（旗本）佐野内蔵丞知行所の相模国（鎌倉郡）飯田村で当春に百姓共が鹿狩りを行った旨を佐野が承ったので、家来を差し向けて詮議した処、当知行所に差置いた酒井伝佐衛門という家来（足軽）の指図によって鹿狩りが行われたのであった。その節に、猪二疋を捕ったというので、名主の勝兵衛と三之助へ伝佐衛門が取りに遣わした由を百姓共が申した。そこで伝佐衛門を詮議した。佐野に伺いを立てずに自分一存で百姓共に申付けて、鹿狩りを行ったことにつき、この誤った趣旨を手形に残した。且その砌に百姓共の中には在所を立ち退いた者もいた（処罰を恐れてカ）。しかし今になっていずれも在所に立ち帰った。依って幕府の評定所において、伝左衛門と百姓共を穿鑿した結果、以上の趣旨に紛れない旨を伝佐衛門は白状した。

「御仕置裁許帳八」に依れは、先の「相州飯田村」は、「相州上飯田村」とあり、「嚴牆集二」にも同様の記述があるので、相模国鎌倉郡上飯田村が正しいものと勘案できる。「元禄郷帳」によれば、上飯田村の村高は四〇〇石とある。なお上飯田村は、現在で言えば、横浜市戸塚区に属するものと思料される。

武士が生類憐み令に触れた事例を挙げると、かつて撮影した高鍋藩「拾遺本藩実録四」の元禄一五年（一七〇二）一一月一一日条によれば、「諸人仁愛之心在之候様ニ常々被思召候処、生類憐之義被仰出候処、今度橋本権之助犬を損し不届ニ付、死罪被仰付候。弥人々仁愛之心ニ罷成候様、大身小身共ニ相守候様、末々迄急度可申含者也。右之趣土屋相模守様ゟ御書付相渡、御領分中へ申渡」とある。この場合も橋本権之助個人の犯行であったとして、橋本だけが死罪刑に処された。なお土屋相模守とは当時老中であった土屋政直のことである。この武士身分に係わる二つの事例からは、生類憐み令に触れた武士身分の場合には家族の取調べがなかったことは留意しておく必要がある。

なお対馬藩では田畑に対する猪による被害のために、藩庁へ了解を取って猪根絶を行ったという郡奉行・陶山訥庵（木下順庵門下）のことは知られているが、この家来足軽の行為が、田畠に対する鹿の被害対策として百姓たちから申し出があったことに基づいていたのかどうかについては不明である。

さて付札には、先ず「死罪獄門　鹿狩仕候者　足軽　酒井伝佐衛門」とあり、次に名主の勝兵衛と三之助については、詮議した処、鹿狩りの節に捕獲した猪二疋を伝佐衛門の指図によって両人へ受け取らせたが、両人は粗末に扱った由につき、両人は詮議の上で白状した。猪を受取り粗末に扱った者として、二人の名前が肩書と共に掲げられた。

即ち、派遣されていた家来が領主に断りなく、鹿狩りを行い、その際に出て来た猪二疋を捕ったというので、この家来が名主二人へそれを受け取って来いと差し遣わした。しかも名主たちはこの猪を粗末に処理したという事件である。生類憐み令では、鹿による獣害があっても、領主の許可がなければ、駆除は出来ず、当然猪の捕獲も同様であり、捕った猪を粗末に処理したことも問題とされたのである。領主に無断で鹿狩りを行い（実際に捕獲したのであろう）、捕った猪を二人の名主に受け取らせた家来は死罪・獄門となったのである。「御仕置裁許帳八」に依れば、在所を立ち退くことを先導した名主・組頭三名・百姓二名は、元禄七年七月一日に評定所に懸けられ、その後に同所へ召し寄せられ、「穿鑿」の上で牢舎となり、名主は同七年一二月八日に牢舎となり、他の五名は翌元禄八年七月二七日に隠岐島へ流罪と刑罰が下った。先の酒井伝左衛門は同七年八月六日に品川で死罪、獄門に処せられたという。

解読史料⑩

御歩行頭佐野内蔵丞知行相州飯田村ニ而、当春百姓とも鹿狩仕候旨、内蔵丞承候ニ付而、家来差遣僉議仕候処、知行所ニ差置候酒井伝左衛門と申家来差図ニ而、致鹿狩候。其節猪弐疋取申候ニ付、名主勝兵衛・三之助に伝左衛門とり遣候由、百姓共申候。伝左衛門儀遂僉儀（議）候。内蔵丞江不相伺自分として百姓共ニ申付、鹿狩仕候段誤候由致手形候。且又其砌百姓共所を立退申者も有之候得共、今程何れも在所江立帰申候。依之於評定所伝左衛門并百姓共穿鑿仕候処ニ、右之趣紛無御座旨、伝左衛門白状仕候。

附ヶ札

死罪・獄門

鹿狩仕候者　　足軽
酒井伝左衛門

名主勝兵衛・三之助事、遂僉議候処、鹿狩之節、取申候猪弐疋伝左衛門差図ニ而、両人方江受取申候得共、麁末ニ致候由、僉議之上、白状仕候。
猪請取麁末仕候者
名主
勝兵衛
同
三之助

第二節　江戸の蛇使いの事件

ここでは江戸の蛇使いをめぐる事例を検討する。

（一）江戸の蛇使いをめぐる事例

本史料は、江戸市中における「蛇使い」の事件である。中身は、江戸の南小田原町二丁目半兵衛店の藤兵衛、及び同町作左衛門店の市右衛門の申口（自供書）と、これと関連する同じく江戸の橘町勘兵衛店の又兵衛・治兵衛連名の口書である。この二つの町は現日本橋に近い所である。藤兵衛・市右衛門が入牢を申付けられたのは「未」の一〇月二一日とあり、元禄期とすれば、元禄四年（一六九一）であろう。

藤兵衛の申口によれば、昨年（元禄三年）六月より蛇を持ち歩き、人寄せを行い、売薬をしていた。この蛇は先月（元禄四年九月カ）に手元から放ち、手前には所持していないが故に、同町の市郎右衛門に蛇を借りて、昨二一日に蛇を差出した。即ち霊岸島の瀬戸物店に侍一人が来て、蛇を貰いたいと申されるにつき、蛇のことなので、遣わすことは罷りならぬと申した処、どうしても求めたいと所望された。しかし侍は承引しない様子で、柳沢出羽守様（保明、後に吉保）の屋敷へ参れと申されたので、参った処、蛇の持主を尋ねられ、市郎右衛門は蛇の持ち主である旨を申し上げた。そして市郎右衛門を呼びに遣わされ、同人が同屋敷に参った処、蛇を差上げるように仰せられたので、その後に伺いの上で、蛇を差し上げた。「御仕置裁許帳九」によれば、藤兵衛は元禄四年一〇月二一日に評定所に懸けられ、「生類を苦しめ、渡世仕候段不届ニ付」、牢舎となり、翌五年二月六日に江戸支配の内を追放となっている。

また同未（元禄四＝一六九一）年一〇月二一日付で入牢の命が下った南小田原町佐左衛門店の市郎右衛門の申口によれば、当九月より始めて蛇を持ち、売薬を行っていた。昨二一日に藤兵衛が私方へ参って、蛇を貸してくれと申したので、貸してやった。その後に侍衆が呼びに参られたので、柳沢出羽守様の屋敷に参った。そこで籐兵衛に貸した蛇は私が持主かと尋ねられ、その通りである旨を申した処、御上屋敷へ参ると、この蛇を差し上げる様にと申されるので、参上して蛇を差し上げた。なお、最後には「右両人共ニ、入牢申付置候。以上」とある。「御仕置裁許帳九」によれば、元禄四年一〇月六日に評定所に懸けられ、藤兵衛と同様の理由によって、市郎右衛門は牢舎となり、同四年一一月一六日に牢死となり、死骸は捨てられた。

後半は以上と関連する「蛇つかひ」の又兵衛・治兵衛連名の申口である。「蛇つかひ」を行っていたのは、やはり「未」（元禄四年）の一〇月二一日付で入牢となった橘町勘兵衛店の又兵衛と同店の治兵衛である。連名の申口によれば、両名は去年（元禄三年）二、三月頃まで蛇を持ち歩き、薬の商売をしていた。その頃に主人の勘兵衛がこのことを知って、殊の外叱り、屹度止めるよう申付けたので、両名一緒に蛇を急いで放し、それ以後は蛇を所持することはないという。このように両名が申すので、藤兵衛と市右衛門を召出して詮議した処、治兵衛は当閏八月頃まで蛇を持ち歩いていた由を藤兵衛・市右衛門が申したので、治兵衛は返答に及ばずとなった。治兵衛は閏八月頃まで蛇を持ち歩いたことに紛れないものと思料された。又兵衛は昨春より蛇の所持を止めた由を藤兵衛・市兵衛が申した。又兵衛と治兵衛へは共に入牢を申付けた。

この後半の事例は、「御仕置裁許帳九」によれば、元禄五年（一六九二）二月六日に又兵衛・次（治）兵衛は共に評定所に懸けられ、評定所はこの二人を詮議して、元禄四年一〇月二二日に牢舎を申し付け、二人が牢内で患ったので、同年一一月一八日に「養生之内預ヶ遣」し、その後に召し寄せて牢舎となり、翌五年六月六日に江戸追放となっている。以上の事例では、柳沢出羽守（吉保、側用人・大名）の家来山崎・安藤の二名が藤兵衛・市郎右衛門と又兵衛・次兵衛を評定所に召し連れてきたことが窺われ、興味深い問題を投げかけている。

この「蛇使い」による売薬の事例では、蛇を手段として売薬の目的に使うことが生類憐み令に触れる容疑となることが明白となった。即ち蛇を道具として商いすることが生類憐み令の違反行為であることは判明したが、蛇を飼うこと自体はどうなのかという問題は残されている。

解読史料③

蛇つかひ藤兵衛・市右衛門口書

覚

南小田原町弐丁目半兵衛店

藤兵衛申口

未十月廿一日　入牢

一　私義、去年従六月蛇を持あるき、人寄せ仕、薬うり申候。右之蛇ハ先月四日放し、手前ニ所持不仕候故、同町市郎右衛門蛇をかり、昨廿一日指出、れいかん（霊岸）島瀬戸物店ニ而、侍壱人被参、もらひ申度由被申ニ付、蛇ニ而候間、遣申事不罷成由申候得ハ、もとめ申度旨被致所望候。併右之通ニ付、承引不仕候得ハ、柳沢出羽守様御屋敷江参り候様ニと被申付、参り候得ハ、蛇主御尋ニ付、市郎右衛門へひ（蛇）の由申上げ候へハ、市郎右衛門呼ニ被遣、御屋敷江参候内、へひ差上候様ニと被仰候ニ付、伺出仕、へひ差上申候。

同佐左衛門店
市右衛門申口

右同日入牢

一　私義、当九月ゟ初め而蛇をもち、薬うり仕候。昨廿一日藤兵衛私方江参り候而、蛇をかし候様ニと申ニ付、借遣候。然ル処、侍衆呼ニ被参候ニ付、柳沢出羽守様御屋敷江参候得ハ、藤兵衛ニ借し申候蛇ハ私蛇ニ而候哉と御尋ニ付、其通ニ而御座候由申上候へハ、御上屋敷江参り、此蛇差上候様ニと御申ニ付、致参上差上申候。

右両人共ニ、入牢申付置候。以上。

未十月廿二日　入牢

橘町勘兵衛店
又兵衛
同断
治兵衛
申口

私共儀、去年二、三月頃迄、蛇を持ありき、薬商買仕候処、右之節、家之勘右衛門其段承、殊之外しかり、急度相止申候様申付候故、両人共ニ蛇を早速はなし、それ以後ハ蛇所持不仕候。

右之通、両人申候ニ付、藤兵衛・市右衛門召出し、致僉議候処、治兵衛儀ハ、当閏八月頃迄、蛇を持ありき候由、藤兵衛・市右衛門申候得ハ、治兵衛不及返答候。閏八月頃迄、蛇持ありき候ニ無紛相聞へ候。又兵衛儀ハ昨春より相止候よし、藤兵衛・市兵衛申候。

右又兵衛・治兵衛両人共ニ入牢申付置候。

第三節　江戸での犬への傷害事件

⑬の史料は年欠であるが、「御仕置裁許帳八」によれば、元禄二年（一六八九）であることが判明する。まず芝金杉・与左衛門の申口によれば、山伏願人が酔った末に所持の犬二匹に刀傷を付けた事例である。与左衛門の店に滞在していた法光院という名の山伏願人が了源犬と春鉄犬を元禄二年正月一六日午後五時（七ッ半）過ぎに呼んで、食い物を与えた処、奪い合ったので、法光院は刀を抜いて、了源犬の背中一か所を切り付けた。また春鉄犬をも首から背中へ掛けて二か所切り付けた。これらの犬は死には至らなかった。法光院を捕らえた際には、酒を非常に多く飲み、酔っていた様子であったと申した。芝金杉は現港区芝一～二丁目に当たる。

法光院の陳述によれば、犬を切り申すべしと考えての上ではなかった。方々の旦那方へ参って酒を頂き、殊の外に酔ってしまった。犬を切ったことは覚えがなく、搦め取られてここへ参ったことも記憶がない。只今犬を切り付けた故に召連れられた由を申し聞かされて、驚いていると申した。法光院には籠舎を申し付けた。この二つの申口の日付は一月二一日である。

生類憐み令には酒に酔った末に生類の殺傷に対する規定はないが。「御仕置裁許帳八」の裁判結果を見ると若干の事例がある。他人の所持する犬を切った事例（江戸追放）や、自分が所持する犬を傷つけたこの山伏の事例である。

解読史料「犬切候者　芝金杉与右（左カ）衛門店山伏　法光院」の見出しの文書によれば、与右（左）衛門が申すには、私店に滞在する法光院と申す山伏願人が了源犬と春鉄犬を呼んで、食事を与えた処、奪い合う有様だったので、刀を抜いて了源犬の背中一か所を切り、また春鉄犬をも背中二か所切り申した。これらの犬は死に申すほどではなかった。同じく法光院を詮議した処、酒を飲んで酔い、前後覚えがない由を述べたので、先ず籠舎を申し付け置いたという。この日付は一月二二日である。但し、「御仕置裁許帳八」によれば、この事件は元禄二年（一六八九）一月一六日に評定所に懸けられ、評定所は元禄二年二月六日に追放の刑を下している。

泥酔して犯行に及んだ場合、単純に無罪となるのではなく、かつて泥酔して犯行に及んだことがあったか、このような「自己の性向を弁えていたことかどうか」が重要な裁決の基準となるものと考えられるのである。

解読史料⑬

芝金杉与左衛門申口

一　私店ニ罷在候法光院と申山伏願人、了源犬・春鉄犬を今十六日七ツ半過呼、食を給させ候へバ、（ウ・脱）バひ合候所を刀お（を）抜き了源犬之背中を壱ヶ所切申候。春鉄犬も首合せなか江懸ヶ弐ヶ所切申候。右之犬ハ死ハ不仕候。法光院を捕申候。事の外酒等給酔候躰ニ御座候由申候。

法光院申口

犬を切可申と存心態ニ而ハ無御座候。方々旦那方江参り酒を給、殊の外酔申候。犬を切候段覚不申候。被搦爰元江参り候も覚不申候。只今犬を切候故、召連候由申聞、驚候よし申候。法光院籠舎申付候。以上。

正月廿一日

芝金杉与右（左）衛門店山伏

法光院

犬切候者

与右（左）衛門申候ハ、私店に罷在候法光院と申候山伏願人了源犬・春鉄犬を呼候て、食を給させ候へハ、（う・脱）バい合候ニ付、刀を抜、了源犬のせなか一ヶ所切申候。春鉄犬をもせなか弐ヶ所切申候。右之犬死申程ニ而ハ無御座候。則法光院を僉議致候処、酒に給酔、前後不覚由申候ニ付、先籠舎申付置候。

正月廿二日

第四節　狼害への脅し鉄砲の事例

この史料⑪の「覚」は、（酉）八月一四日付で、越前国松岡領内の狼による子供たちの死傷事件の内容を報告し、脅し鉄砲を行っていることを松岡藩の家来から評定所首座の老中方（カ）へ申し伝えたという事例である。

松岡領とは、かつて福井藩三代藩主・松平忠昌がその死後に長男であるが庶子の昌勝へ正保二年（一六四五）一一月に五万石を分知して、立てられた松岡藩のことである。その領内は吉田・坂井などの七郡一〇八ヶ村からなっていた（陣屋は吉田郡松岡。現在の福井県吉田郡永平寺町松岡）。上記の酉の八月とは、勘案すると元禄六年（一六九三）と考えられ、丁度狼害のあった同年七月二一日に昌勝の死去が伝えられている。同藩の藩主が享保六年（一七二一）に本家の福井藩主となったために、松岡藩は廃藩となり、所領は福井藩へ併合される。

さて狼による獣害の内容は、まず「疵付申候得共、死不申候者」が六人である。その被害者は同年七月一二日付で坂井郡中村百姓の男子一〇歳一人、及び同郡楽間村百姓の男子一一歳一人、同七月一八日付で吉田郡末正村百姓の男子一〇歳一人、同郡同村百姓の男子九歳一人、同村百姓の男子一一歳一人、同七月二二日付で同郡吉野境（村）百姓の男子九歳一人である。「元禄郷帳」によれば、中村の村高は一六二石三斗五升、樂間（らくま）村は三七三石三斗三升七合、末正村は二二八石七升、吉野境村は九四三石九升である。

次に「狼喰殺申者」は二人である。同年七月二二日付で吉田郡上合月村百姓の男子六歳一人と、同郡北島村百姓の男子一一歳一人である。全て一一歳以下の男子であるが、当時は男の子たちがそうであったように、(1)近山の柴刈りなどの最中に狼に死傷されたものと考えられる。当時の村高を確認すると、上合月（かみあいづき）村の村高は二四〇石三斗一升、北島村は一五六石五斗である（「元禄郷帳」）。

江戸時代における狼の生息は地方によっては珍しいことではなかったことが判明する。狼が出たという坂井郡の中村・楽間村は現福井県坂井市、吉田郡の末正村・吉野境村・上合月村・北島村は現同県吉田郡永平寺町に属する地域である。

本史料は、狼による獣害によって、百姓の子供たちが「致損害候ニ付」、元禄六年（一六九三）七月二八日から鉄砲を撃ち始めて、脅し鉄砲を撃ったことを幕府方へ伝えたという趣旨である。家来から申し越したというのは、松岡藩の江戸の留守居を通じて幕閣へ伝えたということと考えられる。

生類憐み令につき、この史料から新しいことが窺われることは、獣害の重大な事態に対しては「脅し鉄砲」の使用が容認される方向を示唆しているのではないだろうか。狼への脅し鉄砲の事例では、元来狼への脅し鉄砲は禁止されていたのではなく、行使した場合は連絡をすることになっていたのであろう。ここでも狼による子供たちの死傷に至った後で、脅し鉄砲行使の連絡をするというのでは余りにも傷ましいことではないか。こうしたことにおいても、生類憐み令の恐ろしさが伝わってくるのである。ちなみに、狼は徳川吉宗が下総の小金牧で享保一〇年（一七二五）に大規模な「御鹿狩」を行った際に狼一匹も捕獲されたことは知られたことであり、本州にも狼の存在は珍しいことではなかったのである。

解読史料⑪

覚

越前国松岡領内

酉七月十二日
坂井郡中村百姓之男子　拾歳　壱人

同日
同郡楽間村百姓之男子　拾壱歳　壱人

同十八日
吉田郡末正村百姓之男子　拾四歳　壱人

同日
同郡同村百姓之男子　九歳　壱人

同日
同郡同村百姓之男子　拾壱歳　壱人

同廿二日
同郡吉野境百姓之男子　九歳　壱人

〆六人　右狼疵付申候得共、死不申候。

七月廿二日

吉田郡上合月村百姓之男子　六歳　壱人

同廿六日

同郡北島村百姓之男子　拾壱歳　壱人

〆弐人　右狼喰殺申候。

右之通、狼あれ、百姓之子致損害候ニ付、去月廿八日ゟ鉄砲打出し、おとし鉄砲為打申候由、家来之者方ゟ申越候。以上。

八月十日

第五節　御放鳥事件

史料⑫は、伊豆七島の新島での幕府による御放鳥をめぐる事例である。この文書発給者は高林弥市郎と甲斐庄飛驒守である。両者から老中へ差し上げた書付と考えられる。この放鳥の儀式の内容は不明であるが、某年三月七日付の史料自体の内容は以下の通りである。

新島へ遣わされる御放鳥の船がこの三月二日の夜一二時に下田港に着いた。下田奉行下の与力・同心が出向いて確認した処、乗員たちの内、「御鳥飼坊主衆」の家来一人が病気となり、江戸に残してきたという趣旨を断り申したが、その他は相違がなかった。この「御用船」は夜に着岸したので、夜明けに内湊へ引き入れて係留させ、用船等を付けて警戒させせた。下田奉行所から出向いた島源太夫がこのことを確認し、島船四艘を警戒のために申付けたことを今日申し来ったので、（老中へカ）申し上げる次第である。御用船の下田出航については重ねて注進する次第であるという。この御用船の乗員の一人が病気となり、欠員が生じたということは神聖な御放鳥の行事にとって重要なことではあるが、御用船をめぐる警戒の意味は、生類憐み令を遵守するべく、御放鳥の手厚い保護の状態が保たれているかということがさらに大事なことであった。御放鳥をめぐる問題では、この鳥に対する乱暴な取扱いがあったのではないが、極めて大事な取扱いを行っていたことが判明するのである。

さて甲斐庄飛騨守とは旗本寄合（従五位下）の甲斐庄正親で、延宝八年（一六八〇）八月三〇日以来就任していた江戸町奉行（南）在任中の元禄三年（一六九〇）一二月三日に死去となっている。本史料は、推測すれば、原史料は元禄元年から同三年の間に作成されたのであろうと勘案できる。なお甲斐庄正親の前職は勘定奉行であり、父は長崎奉行を勤めた甲斐庄正述（河内国錦部郡が領地）であることが知られている。高林弥市郎とは江戸町奉行の与力であろうか。なお段木一行「伊豆国新島島役所日記」（新島村博物館『研究紀要』二〇〇一年）は興味深い。

解読史料⑫

覚

今度新島江被遣候御放鳥之船、去ル二日之夜子之中刻於下田着船仕候。与力同心罷出相改申候処、右人数之内、御鳥飼坊主衆之家来壱人相煩、江戸ニ残置申之旨、断御座候由、其外相違無御座候。御用船夜ニ入、着岸仕候間、夜明テ内湊江引入掛ヶ置、用舟等附置申候。嶋源太夫改ニ付、嶋船四艘申付候由、今日申来候間、申上候。下田出船之儀ハ、重而御注進可申上候。以上。

三月七日

高林弥市郎
甲斐庄飛騨守

第六節　小括

本章では、都市に係わる蛇を使用した商売と犬への傷害の事例、武士（足軽）の鹿狩り、狼害に対する鉄砲使用届、御放鳥に係わる事例を検討した。この内、蛇使い、犬への殺傷、及び武士の鹿狩の事例が「御仕置裁許帳」に採用されている事例であり、また「嚴牆集」には武士の鹿狩が、さらに「元禄御法式　下」には、事実関係は削除されているが、犬への傷害などの条文に活かされており、こうした事例を「千阪随筆」へ詳細に写本を作成した筆者の史眼は敬服に値するものと言わなければならない。

犬をめぐる幕府の都市における政策や裁判結果などは、先の仁科邦男『「生類憐みの令」の真実』に詳細な記述があるが、「都市と農村」や、近世身分制との係わりで、犬をめぐる問題に十分に向き合っていないがために、馬の問題が大事との指摘があるにも拘らず、捨て馬事件の吟味や裁判の検討が基本的にされなかった理由だったと思われる。

いずれも違反者たちの「犯行時」には生類憐み令に対する規範意識は念頭になかった。

注

（1）生類憐み令に関する、第三章の「豊後国立石領岩薬師河原病牛一件」で一町余りの地主の被差別民の子供（一二歳）などは、常に山へ行って薪を取る日々であったと供述しており（一一〇頁、元禄二＝一六八九年四月四日付）、農村における一二歳位の子供たちの生活を物語っていると考えられる。この越前の事例では、子供たちが山に入っている際に、狼に襲われたことは十分に推察できる。

第五章　本書の成果と、残された課題

本章では、これまでの検討結果を踏まえて、「動物愛護と生類」、捨て馬事件の特徴、関係事件の取調べと裁判・刑罰、この後に武士の猪狩などの個別事例について論じ、最後に残された課題、について述べておきたい。事例の詳しい具体的な内容は各章での分析を参照されたい。

第一節　動物愛護と「生類」

生類憐み令に「動物愛護」の意味があり、評価するべき内容を持つといった見方がある。確かに野犬や病犬をとりわけ江戸では保護したが、これには治安対策や衛生対策の意味も存在したのである。この「生類」には人が含まれていないことはすでに指摘がある通りであるが、取調べ・裁判過程の検討はなされていなかった。

西日本では一般に牛が農耕に使役され、東日本では一般に馬が農耕に使用されたが、馬を農事に使役するために買い入れたが、役に立たないほどの状態になると、捨て馬を行うことが窺える。この場合には、経済的事情が同法順守よりも重要な要因であったことが思料される。このように個々の経済意識がいつでも法意識よりも重視されるならば、近世封建社会は維持できないであろう。百姓たちにとって、経済的事情が恒常的にいつでも最大の関心事だとは思われないのである。生類憐み令の法意識は一般的には百姓たちに順守されたものと考えられるが、少なからぬ捨て馬が起こっていることを勘案すれば、現実的に生産を支え・家計に直結する農業経営の場における馬の位置を現実的に捉えなくてはならない。

「動物愛護」の観念はどのように機能するのであろうか。これまで検討した処では、事例①・⑤・⑭のように広範囲の村々から集められた百姓たちが尋問され、事例⑦のように捨て馬を行った者は獄門に処せられ、捨て馬のことをその後に聞かされた息子も死罪となり、また事例②のように捨て馬主を見分けるために容疑者には拷問が行われ、これによって命を落とす場合すらあったことを勘案すれば、「動物愛護」の見方は「人」との係わりで誤りであることは明白である。但し、馬耕としての馬の保護は必要であり、甲斐国八代郡上田原村（幕府領）の享保元年（一七一六）正月の五人組仕置帳」の箇条に「生類憐之儀常ニ心懸不実無之様、不仁之一切不可仕候事」の一条がある（旧下部町誌編纂委員会編『下部の町誌』三二四頁、一九八一年。甲斐国八代郡上田原村は幕末で九五石四升〔『旧高旧領取調帳　中部編』近藤出版社、一九七七年〕現南巨摩郡身延町上田原）。このように生類憐み令の農耕に係わる馬などへの観念は生きているのである。「御仕置裁許帳」の如き、評定所の簡潔であるが簡単な裁判結果だけから判断することは木を見て森を見ないことになる。本書第一、二章で確認したように、捨て馬主を割り出すために、数か村の百姓たちを吟味し、容疑を掛けられた百姓には容赦ない拷問を行ってきたのではなかったか。

さて他方の「人」であるが、近世社会では人一般は存在せず、武士・公家・百姓・町人・被差別民などと近世身分制が一般に布かれている身分制社会である。こうした身分制社会において、生類憐み令の「動物愛護」の意味を検討するならば、特に牛馬の飼育に対する積極的な施策は何もない。即ち弱った牛馬や病牛馬に対する施設を設けることはなく、ただ無理な労役を禁じているだけである。なお牛馬の保有者が全く使役に役立たなくなった牛馬を解体処理することは草場処理権制度（倒牛馬処理権制度）によって禁じられていることも考慮に入れる必要がある。

第二節　捨て馬事件の特徴

捨て馬の事例は本史料では一番多く、また一般に広域に亘る場合が多くなる。即ち他領に亘った例（事例②、事例⑦）、相給村（事例①・⑤・⑭、事例⑥）、他村間の例（事例⑨カ）の如くである。自村内と思われるのが事例の⑧である。因みに「捨て牛」事件であるが、④の事例は多くの他領に亘っていること、また多くの身分が係わっている貴重な事例である。また捨て馬事件の発生地域に係わる問題を検討してみると、序章で捨て馬事件の国名はすでに指摘したが、郡名までも確認すると、捨て馬事件では事例①・⑤・⑭は常陸国新治郡下の事件、事例②は信濃国水内郡と高井郡下の事件、事例⑥は下野国都賀郡下の地域にまたがっており、事例⑦は上総国山辺郡下の事件、事例⑧は不明、事例⑨は甲斐国八代郡下の事件、なお倒牛事件の事例④は豊後国速見郡下の事件であるが、他領、他国・他郡にも亘っている。捨て馬の事例は、やはり関東地方を含む東日本にまたがっており、倒牛事件は西日本、取り分け東九州で生起していたのである。本史料群に現れた生類憐み令は主に農村部の百姓たちに重大な問題をもたらしたと言えよう。

（一）生類憐み令と法意識との係わり

まず生類憐み令と法意識との係わりで見ていくと、生類憐み令のことを知っていたのかどうかを尋ねられた信濃国事例の①・⑤・⑭では、一般に百姓・名主・定使は生類憐み令に関して高札を通じて、また地頭からの命令もあり、知っていたことを供述していた。しかし現実の自村への捨て馬を他村などへ捨てる際には生類憐み令の規範意識は消えていたことを述べていた。処が、代官の場合には生類憐み令のことは尋ねられず、また捨て馬の話を領主方へ知らせなかったり、あるいは捨て馬の連絡が百姓方からあったことを隠すことを画策していた。こうした事実から、代官たちも生類憐み令の意味を能く知っていたのは勿論である。代官たちの生類憐み令の法意識は当然に存在するが、刑罰を回避する、その抜け道も心得ていたようである。②の信濃国の事例では、捨て馬を行った上赤塩村（現上水内郡飯綱町）の博労・吉右衛門もやはり先の①・⑤・⑭の百姓の事例と同じ供述であるが、保有する馬が銭金にならないことを捨て馬の理由の一つに挙げていた。経済的な要因が生類憐み令の規範意識を上回ったのである。その後に高井郡吉田村の権右衛門は同郡の松川・吉田両村の境に繋ぎ留められていた捨て馬の縄を解き放ったとされたが、生類憐み令との係わりは出ていない（この両村は現中野市）。⑥の下野国の事例では、小林村へ捨て馬があり、村では百姓たちが寄合って養育していたが、亡くなった。この村へ最初に捨て馬を行ったのは真弓村の百姓・与五右衛門と下人・八助であった。その理由はこの馬が役に立たないというのであった。この場合も経済的な要因が生類憐み令の規範意識を凌駕していたのである。与五右衛門と下人は生類憐み令に関しては先の①・⑤・⑭と同じ供述である。この捨て馬の出所を知っていた同村の名主・組頭は生類憐み令との係わりでの意識の記述はない。⑦の上総国の事例では、馬の脚が痛んで役立たないので捨てたという国府関村の助右衛門もやはり①・⑤・⑭の百姓の事例と同じ自供であった。⑧の国名不詳の事例では、足を痛んでいた馬が役に立たないとして捨て馬をした又左衛門には生類憐み令に関する記述はない。この場合も①・⑤・⑭の場合のように経済的な要因を重視するという法意識である。⑨甲斐国の事例では、右の後ろ脚が痛み、眼も悪かった馬を捨て馬とした博労の与次右衛門にも生類憐み令に関する意識の記述はない。この場合も、同じく経済的な要因に左右されたものと考察できるのである。

④の豊後国を中心とした事例は、捨て馬ではなく、「倒牛」の事例であるが、最終的に大坂町奉行が取り調べ、かつ裁判の予定となった極めて興味深い内容である。豊前国で買った牛を牽いてくる途中で降雪に遭い、牛が「早風」という病気となって倒れたが、後の介抱のことを知り合いの弟などに頼んだけれども死んでしまったという事件である。この牛主とされた被差別民などの供述には、生類憐み令をどのように意識していたかに関する直接の記述はない。

(二) 捨て馬の事例が多いこと、及び事例の特徴

本史料集に捨て馬の事例が多く存在するのは何故であろうか。捨て馬の場合は、他領や他村へ、あるいは相給村の場合なども他支配の土地へと行われることが多いことを容易に理解できる。こうした場合、既に検討したように、可成り大きな事件となる。領主間で解決が出来難いことが比較的に多いことが窺われ、結局は異なる領主間の訴訟を裁く評定所へと事件は届けられ、評定所の命によって取調べが行われることとなる。この結果、多くの場合に道中奉行の高木伊勢守守勝(大目付の在任期間は天和二=一六八二~元禄一二=一六九九年)と藤堂伊予守由直(大阪西町奉行の在任期間は天和元=一六八一~元禄四=一六九一年、大目付は元禄元=一六八八~宝永三=一七〇六年)の取調べとなったのである。このような多くの内容は、本史料をめぐる問題の所在を規定しているのではあるまいか。かくして捨て馬の事例が多く含まれているのは、他領他支配に係わる「捨て馬」事件が評定所筋に寄せられ、かつその指令により取調べられた件数に照応するものと考えられよう。

第三節　取調べと裁判の特徴：刑罰と縁座

(一)　捨て馬の事例

捨て主や、その指令に従った下人には獄門の刑が下され、捨て主から事後に伝えられた息子は死罪（縁坐法の適用も考慮に入れる必要もある）、捨て馬はあったが、馬を失った者がいない旨の手形を出した名主の弟（名主が不在）は流罪の刑が下っている。捨て主と生類憐み令との係わりで言えば、同法令のことは能く知っているが、いざという場合には法意識は念頭から殆んど消えていたのである。また事情を知って直ちに処置をしなかった名主や組頭、そして武士さえも所謂「白を切った」のである。重罪による刑罰を恐れていた事情もあろうと思われる。

さらに縁坐による厳しい処置も存在した。また嫌疑中や、刑罰が下っても籠舎となり、拷問のために病気となった場合は地頭方へ預けられるが、短期間のうちに亡くなっているのは、事実上の「拷問死」と考えてよいであろう。即ち、拷問によって病気となる場合、地頭方へ預けているが、為政者にとっては、幕府にとっては成るべく自らの処分中の「牢死」を避けたかったからであると考えられる。

(二)　評定所指令下の「取調べ・裁判」

とりわけ捨て馬事件の場合には数か村に亘る百姓たちに対する取調べが行われ、また容疑者に対して、さらに違反者を割り出すための拷問が行われていたのである。同時に後に述べるように縁座の規定が適応されて、息子たちが刑罰を待たねばならなかったことも挙げておかなければならない。

生類憐み令の如く、全国に発信した法令に関する紛争事件は、いわゆる相給の領域に係る事件となる場合が多いのである。即ち、ある領主の知行地の百姓が一般に捨て馬をする場合には、可能であれば他領の原野や、他村の野へ捨てるからである。捨てられた馬は、一般には可成り移動するのが当然であり、その結果は領主間紛争の色彩を呈する。そこで大名を統制する権限を有する大目付の登場となるが、生類憐み令では、東海道を始めとする五街道などを支配する道中奉行の取調べが指令されており、道中奉行は大目付の一人が兼任することとされ（大目付の筆頭）、本文で見たように道中奉行を兼ねた大目付と、今一人の大目付との二人で他領他支配関係の取調べを行うのである。

生類憐み令の事件が他領他支配関係に亘る場合には、これまで検討してきたように、道中奉行兼大目付と今一人の大目付による取調べとなり、この二人の吟味権は保障されているが、いきなり刑罰を科すという刑罰権までは行使していないことは従来の指摘の通りである。しかし従来の評定所の判決によって、この二人の吟味によれば、刑罰が明白である場合がある。本文で検討した上総国の事例⑦のように、この二人からの報告書中に具体的な刑名が挙げられて、刑の執行を伺っているような場合があり、幕府の裁判が基本的に判例法を取っている限りでは、妥当な伺いと言ってよいであろう。

領主間における生類憐み令の紛争事件につき、全て道中奉行・大目付が改めて詮議するというのでは幕政が渋滞することになりかねない。いや具体的にそうなったかも知れないのである。本稿が行った評所所指令による生類憐み令に関する事件の取調べや、裁判の方向性は一定の役割を果たしたものと言えよう。

(三) 刑罰と縁坐の問題

容疑者について取調べが済み、未だ刑罰が申し渡されていない段階では揚屋へ収容されるのが一般的である。なお拷問についても検討しておきたい。

（i）刑罰をめぐる問題

幕閣（老中カ）に刑罰を伺った事例では、①・⑤・⑭の捨て馬の当人や百姓たちは籠舎となり、捨て馬を命じた名主は「所預」、命令に従った定使は「籠舎」、捨て馬の件につき落ち度があった代官達は領主方へ「預ヶ置」の処置が下った。④では、取調べが全て終わり、「倒牛」の持ち主を始め、多くの関係者たちは大坂町奉行所の牢獄に入れ置かれた（但し、持ち主の母親と一〇歳未満の二人の子は村に「押込」となり、この持ち主の腹違いの兄の妻と乳飲み子とは「所預」となった）。⑥の事例では、取調べ後、捨て馬の本人や関係者はまず籠舎を申し付けられていた。⑨の事例も、取調べ後、捨て馬を行った者は籠舎を申し付けられていた。

また特定の刑罰を付して幕閣に伺いを立てた事例では、②の捨て馬を行った博労・吉右衛門は籠舎に差置かれて病死したが、獄門の仕置が伺われ、実子・養子は「所預」となった。また同じく捨て馬を行った権右衛門については獄門の仕置が伺われていた。⑥の事例では、捨て馬を行った主人と下男は在所で獄門の仕置が伺われていた。⑦の事例では、捨て馬を行った親は死罪・獄門、これを伝えられた息子は死罪、関係者の名主は流罪を伺われていた（その他、一定の関係者は籠舎を申し付けられていた）。なお⑧の事例では、捨て馬をめぐる事情を説明しただけのものである。また⑨の事例では、捨て馬を行った博労を揚屋に入れ置いたという内容である。従って、捨て馬を行った者の刑罰は死罪・獄門、その実子・養子は所預である。後に検討する「御仕置裁許帳」の捨て馬を行った者の刑罰に比べると、一段と厳しいことが判明する。

（ii）縁座の問題

縁座は、幕府の「刑事」判例を整理・編纂した「公事方御定書」（寛保二年〔一七四二〕仮完成）の以後は、元文二年（一七三七）の法令によって主殺し・親殺しのみに適用されるようになるが、近世初期には磔や獄門になった重罪人の妻子が処罰対象となったこと、ただし武士の縁座は改正されることなく維持されて来たことが知られている。これには近世領主制支配にとって武士階級の家制度が極めて重要であったからと思料される。

②の事例では、捨て馬主の病死後、実子（男子）二人（一六歳、八歳）・養子（男子）一人（二六歳）が「所預」と地頭方へ申し渡されており、縁坐の蓋然性がある。ただし七歳の男子は一般には一四歳になってから、刑が執行されるのである。④の事例では、未だ刑罰が下っていないが、親・兄弟や親類などが籠舎を申し付けられており、縁座法によって刑罰が下される蓋然性が高いと言えるのではあるまいか。⑥の事例では、捨て馬主の主人・与五右衛門の父親と二歳の忰が在所にいること、この他には「近キ親類」が在所にいないと報告されている。この場合も、縁座が適用される蓋然性が高いのではあるまいか。⑦の事例は、父が捨て馬をした後で、子（成人カ）に伝えたのであり、縁坐法の処置となった。⑨の事例では、捨て馬主の男子三人（一八、二四、二九歳）は揚屋に預けられており、捨て主の刑が定まった際には、縁座法が適用される蓋然性が高いのではないか。なお捨て主の女子（一〇歳）は地頭方へ預け置かれたが、幼子の女子は男子と同じ刑に付するのではないと考えられる。

（四）拷問と牢死の問題

拷問は、近世初期には水責め、木馬責め、塩責めなど多様なものがあったことに注意が必要である。近世中期の公事方御定書では笞責め、石抱き、海老責め、釣責め、に限定されるが、本史料ではどのような拷問が行われたのかは出て来ないのが普通であった。「公事方御定書」には、例えば鞭の材料や形体についての規定があるが、近世前期の生類憐み令当時には拷問に関しては惨い形態が存在したといわれている。

①・⑤・⑭の事例では、容疑者と見られた広い範囲の百姓・馬医・博労、及び関係する名主を拷問している。②の事例では、捨て馬主の博労・吉右衛門は拷問で白状し、後の取調べの過程でも拷問を受け、その同類の容疑が掛った者や、その後に捨て馬の容疑が掛った権右衛門も拷問に懸けられた。その後、吉右衛門は牢内で病気となり、地頭へ預けられて半年以内に亡くなっており、また権右衛門も牢内で病気となり、地頭方へ預けられ割と早くに亡くなっていた。⑥の下野国の事例では、捨て馬を行った容疑で百姓・与五右衛門と下人・八助が拷問に遭い、捨て馬の出所を知っているのではとの容疑で名主・助右衛門と組頭・市郎右衛門が拷問を受け、また関係者と見られた馬医も拷問にあった。⑦の上総国の事例では、捨て馬を行った助右衛門は捨て馬を行った所存（生類憐み令に関する法意識）について拷問に遭い、同類の嫌疑で息子の権四郎も拷問を受けた。また捨て馬主はいないという手形を出した太郎右衛門（当時不在であった名主の弟）は捨て馬主と共謀したのではとの嫌疑が掛けられて拷問されている。⑧の事例では、捨て馬を行ったのではとの嫌疑を受けた又左衛門は拷問の末に白状していた。

多くの事例では、多少の嫌疑があれば、広い範囲で名主・組頭・博労や馬医に対して拷問が合法として行われていることは重要である。また捨て馬を行ったことを白状した後でさえも、更に詳しい事情を聞くために拷問を行っていたことは重大である。従来は嫌疑のある場合に拷問をやって宜しいと解釈されてきたが、今回の具体的検討結果によれば、所謂「犯人」を割り出すために行われており、こうした解釈は間違っている。

拷問の結果、②の事例のように、牢内で病気となり、地頭方へ預けられても、短期間に亡くなっており、これは拷問が原因であると見られるので、「拷問による死」と考えられる。こうした「拷問による死」は、その重態化が牢内で生じなければ、記録には残されないのである。この場合、無罪となっても、以前の拷問の結果、その後に在宅の状態で亡くなることさえも有り得るのである。拷問は有罪の立証のための残酷な手段であった。近世の刑事訴訟法では「白状」（自白）が有罪立証の有力な法的決め手となるからである。

武士身分には免れていた拷問は嫌疑が強く掛った庶民に行われていたことで明確である。しかも拷問は一般に考えられているような軽微なものではなく、手加減次第で死に至ったり重態となるなど、重い煩いとなることも珍しくはなかったことを明らかにしておきたい。

④の事例のように、取調べの結果だけが載せられており、在地や大坂での取調べの過程は触れられていないので、その際に拷問があったとしても、そのことは記載されていないのである。従って拷問がなかったとは断定できない。いずれの場合にも武士は拷問から外されていた。

第四節　個別事例の特徴

ここでは、上記の捨て馬、及び「倒牛」事例以外の③、⑩、⑪、⑫、⑬の五つの個別事例を検討したい。個別事件では、下級武士が百姓に鹿狩りを命じた事例⑩は相模国鎌倉郡下の事例、蛇を使用した売薬事件である事例③は江戸、泥酔した山伏による犬傷害事件である事例⑬は江戸芝金杉である。狼による子ども殺傷をめぐる事例⑪は越前国吉田郡・坂井郡下の事件、御放鳥にかかわる事例⑫は伊豆国新島に係る事件である。従って武士による猪狩の事件、及び子供たちを殺傷した狼害に対する脅し鉄砲をめぐる事例は農村部に発生したものである。他方、蛇使いの売薬の事例や山伏による犬殺傷事例は江戸であり、御放鳥の事例は港・漁村の事例である。

下された刑罰を確認すると、⑩の相模国における「家来足軽」（下級武士）による鹿狩りの事例では、鹿狩りを命じた下級武士は評定所の裁判で死罪・獄門の刑となった。この足軽が支配下の百姓たちに指令して鹿狩りを行い、その際に狩り取った猪を名主らに遣わしたということである。但しこの足軽の「死罪・獄門」の場合は縁座によって妻子も処罰されるのであるが、ここでは妻子に関する記述がない。この足軽には妻子がいなかったのであろうか。この足軽が領主に無断で百姓らに命じたとあるが、断ったとすれば、無罪となるという意味ではなく、領主は与り知らなかったという事情を強調したかったからであると考えられる。この事件で、在所を立ち退くことを先導した名主・組頭三名・百姓二名は後に評定所に懸けられ、名主は牢舎となり、他の五名は隠岐島に流罪となった。猪を受け取った名主たちが粗末に扱ったという記載はあるが、無罪となっている。なお拷問・牢死の関係記事の記載はない。

次に江戸の蛇使いによる売薬の事例③では、一方では蛇を借りて売薬を行っていた者は評定所で江戸追放となり、蛇を貸した者は牢死した。他方、自分の蛇を持ち歩いて売薬をしていた二人は主人に止めるように言われて蛇を放ったが、評定所では牢舎となり、二人は患って「養生之内預ヶ遣」し、その後また牢舎となり、江戸追放の刑が下った。この事例では縁坐、拷問の問題は触れられていない。

泥酔した江戸に居住する山伏願人が自らの刀で二匹の保有する犬を傷害させた事例⑬である。取り調べた結果が述べられ、泥酔しているので籠舎を申し付けたという内容である。やがて評定所の裁判によると、「追放」となっている。泥酔した上での罪は当然に無罪というのかは判明しないが、この山伏自身が泥酔した場合の自己の有様をどの程度認識しているのかが特に問われてはいない。この山伏についても縁座、拷問・牢死の問題は発生していないのである。

⑪は、越前国において子供たちを死傷させた狼に対して、脅し鉄砲を使用したという申し出が江戸の留守

居を通じて幕閣へこの申し出が伝えられたという内容と考えられる。このような極めて危険な事態に対して、脅し鉄砲の使用が従来から認められていたということを示しているのではないと思料される。

従来から認められているのであれば、報告する義務はないからである。但し最低限の緊急避難的な行動は止むを得ない措置として容認されていたものと思われる。ここでは当然の如く、刑罰、縁座、拷問・牢死の問題は生じることはなかった。

⑫の伊豆国大島での御放鳥に関して、「御鳥飼坊主衆」の家来の一人が病気となり、江戸に残してきたこと、「御放鳥」の実施は無事であることを伝える書付である。付添いの者よりも「御放鳥」の鳥が大事なのである。ここでも刑罰、縁座、拷問・牢死の問題は生じる余地はない。

第五節　残された課題

本書のように主に他領他支配関係で生じた捨て馬事件に対して、評定所の指令に基づく道中奉行兼大目付と、今一人の大目付による在地における吟味・取調べの検討が貴重な意味を持つことが明らかになったのではないであろうか。即ち生類憐み令の近世法に占める意味がかなり判明したのではないであろうか。まずこのことを確認しておきたい。

今後の課題として、いくつかの点を挙げておきたい。

まず上総国山辺郡下の事件⑦には、若狭守、即ち側用人で、生類憐み令施行の大役を担っていた喜多見重政が重要な役割を果たしたものと推測される。武蔵国多摩郡などで二万石の大名であった喜多見は元禄二年（一六八九）二月に改易され、これには将軍へ生類憐み令に対する忠告をしたことがその理由だという風聞があり、取分けそれ以後に生類憐み令の過酷さが目立つのだということも言われているが、こうした点についても地道な検討を待たなければならないことを指摘しておきたい。

また史料には割りと生類憐み令に対する法意識が取調べの中で判明したが、更に全国的な史料の地道な検討を行うことによって、生類憐み令に関する百姓・町人や被差別民の法意識が深く認識されていくものと考えられる。こうした意味については、個別藩の研究にも期待しなくてはならない。

生類憐み令に触れた被差別民などの事例は少なかったが、評定所首座の老中たちの指令に基づいて、大坂町奉行による重要かつ貴重な処置が明らかになったが、今後「生類憐み令の身分的性格」に関する研究が一層行われることも必要である。

最後に述べたいことは、今回は捨て馬や倒牛を中心に、評定所首座の老中の指令に基づき道中奉行兼大目付と今一人の大目付による詳細な取調べと（裁判の）刑罰の伺いに関する史料が検討されたことによって、生類憐み令の一応のアウトラインを描けることが可能となったことと思われる。今後、犬をめぐって、道中奉行・大目付による詳細な取調べと裁判、そして法意識の研究が行われると、生類憐み令の全体像が解明されるものと期待されるのである。

生類憐み令関係年表

※本文で検討・紹介した事例は太字で記してある。

天和二年（一六八二）三月：鷹制度の縮小化始まる。鷹の餌は、主に犬肉・鳥。

貞享二年（一六八五）七月：将軍御成り先での犬・猫繋ぎ無用令。

同年一一月：将軍家台所での鳥類・貝類・海老禁止の張紙。

同年：馬の筋延べ禁令（整形して売値を上げる）。

貞享四年（一六八七）正月：捨病人・捨牛馬禁令。

同年二月：江戸の犬保護令、食用の魚・鳥飼育禁令、御鷹場での「似セ餌差」殺傷禁令。犬愛護令が「犬毛付帳」（犬の管理帳）を生む。

同年四月：生類愛護令（狭義の生類憐み令）。以後同年一〇月までに、犬・猫死体埋葬令、犬の大八車牽戒め・無主犬養育令。

同年八月：諸国鉄砲改め令。

貞享五年二月：鳶・鳥の巣を、卵を産む前に除去の令。

元禄元年（一六八八）七月：**上総国山辺郡（他領他支配間）に捨て馬があり、その後、捨て馬主たちと、関係者の名主弟もまず籠舎を申しつけられた。捨て馬を行った百姓は獄門となり、捨て馬のことをその後に聞かされた息子は死罪となった。**

同年八月：常陸国新治郡下（他領他支配間）に捨て馬があり、百姓・名主・代官が取り調べられ、百姓・名主には拷問が加えられた。百姓・名主は下獄し、代官は領主に預けられた。
同年同月：信濃国高井郡下（他領他支配間）に捨て馬があり、水内郡下の関係者と併せて取り調べられ、その後、捨て馬を行った馬喰につき、道中奉行・大目付は老中（カ）に獄門の仕置きを伺い、この馬喰の実子・養子につき所預を領主に申し渡した。
同年一〇月：病牛馬捨禁令を含む道中奉行の触。
同年一一月：下野国都賀郡の相給村に捨て馬があり、捨て主たちと関係者に拷問が加えられ、老中（カ）へ在所での獄門の仕置きが窺われた。
同年一二月：将軍家参詣の際の供奉者の食穢規定（犬は七〇日）。
元禄二年一月：江戸市中で山伏が餌をやり、食い争いをした自分の犬二匹を切り付け、この山伏は酩酊していたという。翌二月に評定所において、追放刑となった。
同年二月：同月の道中奉行・大目付の取調報告書によれば、以前、甲斐国八代郡に捨て馬があり、その後に捨て主の博労は籠舎、縁座法に依って、一八歳以上の男子三名は揚屋へ、女子一〇歳は地頭に預けられた。
同年四月：同月の大坂町奉行の四老中宛の報告・伺書によれば、前年一二月に豊後国速見郡下に倒れ牛があり、これを巡って牛主が被差別民と判明し、多くの関係者（豊前国宇佐郡を含む）が大坂町奉行に集められて、「申口」が作成され、裁判の処置を伺っていた。
同年六月：野獣脅し鉄砲許可令。
同年一一月：子供の犬殺しを禁止、犬の自然死の場合に死体を埋めること（高鍋藩日記）。

元禄三年一〇月：捨子禁令。
元禄四年一〇月：前年に江戸の店借の者二人が蛇を使った売薬をしたことにより、同じく前年に同じ身分の者二人が蛇を使った商売をしたことにより、それぞれ四人とも入牢を申しつけられた。評定所では先の二人のうち、一人は牢死となり、死骸は捨てられ、今一人は江戸追放となった。後の二人は、一時牢内で患ったが、江戸追放の刑が下った。
元禄五年正月：子犬が道に出ることを抑え、母犬を付け、道の妨げにならないように差置くことの触。なお元禄五年以前に武蔵国喜多見村に犬収容施設あり。
同年一〇月：人食い犬を繋ぐことの令。
元禄六年七月：**越前国坂井郡・吉田郡の子供男子六名が狼に傷を負わされ、吉田郡の子供男子二名が食い殺された。翌八月に松岡藩の家来から幕府へ脅し鉄砲を使用している旨を伝えた。**
同年九月：幕府の鷹飼を禁止。鷹匠町を小川町へ、餌差町を冨坂町と改名。
同年一〇月：犬を痛める者の召捕令。
元禄七年七月：江戸の鞠屋に以後の犬皮の鞠商売禁令。
同年同月：**相模国鎌倉郡下で旗本家来（足軽）が自分一存で百姓たちを猪狩に申し付けて、猪二匹を取った。評定所で牢舎と決まり、翌八月に品川で死罪・獄門となった。この猪狩につき、旗本から穿鑿のために人を派遣した際に在所から立退きがあった。その際に先導を務めた名主、組頭三名、百姓二名の計六名は評定所で牢舎が決まり、その後、名主は牢舎となり、他の五名は翌八年に隠岐島へ流罪となった。**
同年は病傷犬・犬商売などに関する犬愛護令が多く出される。

元禄八年二月：切傷ある犬・切殺された犬に付、容疑者密告の者に二〇両を与えるとの高札が日本橋に。
同年五月：熊・猪・狼類が人・家畜の損傷の恐れあるときは、追払い、その際殺すことがあっても咎めず、また犬・猫が鳥獣を損ね、相互に食合うときは痛めぬよう分けよとの触れ。
同年六月：江戸町中の暴れ犬を四谷に収容することを令する。
同年（から九年）：四谷・中野に犬収容施設を設置。犬小屋は多くの負担を民衆に掛けた。
同年八月：犬殺し密告者に五〇両の賞金を与えたことが江戸町中に触れられる。
同年一〇月：捨子・捨犬の禁令。
同年一二月：犬の子手形調を記す（新井白石日記）。
元禄九年七月：犬の移動や、「御犬小屋」への収容の際の手続きを令す。
同年八月：酒酔、及びそれによる不届きを禁じ、大酒飲み禁令、酒商いの減少を命ずる令。綱吉が飲酒を厭とする趣旨を申渡。
同年同月：名主・地主・大家は地借・店借の者が妊娠した際、届を受け、出産・流産の別を承知すべきとし、妊婦と三歳以下の子の帳面を作るべしとの令。
元禄一〇年六月：大名へ逆罪・火付・生類傷害につき自分仕置を命じ、生類憐みの遵守を要求。
元禄一一年六月：生類憐み令が繰り返し出されているので、奉公人・町在々・津浦まで厳守を命令（高鍋藩日記）。
元禄一五年五月：馬荷付け量規制・病馬・痛み馬いたわり令。
同年六月：馬が難儀しないように重い荷物を付けないこと、病気の馬はいたわり、使用しないこと、若しもこうした馬をはごくみ兼ねる場合はお上に訴えよと、公儀からいわれている（高鍋藩日記）。

同年一〇月：幕臣の犬殺しによる死罪を触れる。

同年一一月：**諸人が仁愛の心を持つように生類憐み令が出されたので、この度、橋本某が犬を損じ、不届きにつき。死罪を申しつけた。上下何者によらず、仁愛の心を持つように申合すことを命じる。この趣を老中・土屋相模守から書付を渡されたので、領分中へ申し渡す**（高鍋藩日記）。

宝永二年（一七〇五）江戸の鳥屋に食鳥商売禁令。

宝永六年（一七〇九）正月：生類憐みの政策廃止。「生類之儀向後御構無之候、尤あわれみ候儀ハあわれみ可申候」（正宝事録）

同年四月：諸国鉄砲改め令の廃止。

〔付記〕塚本学『生類をめぐる政治—元禄のフォークロア—』（平凡社、一九八三年）、仁科邦男『「生類憐みの令」の真実』（草思社、二〇二二年）、後藤『近世・維新期の民衆と法—東九州を中心に—』（文理閣、二〇二二年）、本文などを参考にした。

あとがき　本書の成り立ち

「はしがき」は新稿である。

序章「生類憐み令の研究と課題」は、新稿である。

第一章「捨て馬の事件（一）―常陸国の事例―」は、拙稿「生類憐みの令の裁判史料と解説（一）―常陸国新治郡下の事例―」（後藤編・刊『法社会史紀行』四号、二〇一七年）、同「生類憐みの令の裁判史料と解説（三）―常陸国新治郡・下野国都賀・上総国山辺各郡などの捨馬事例―」（同六号、二〇一九年）、同「生類憐みの令の裁判史料と解説（四・完）―捨馬・武士の鹿狩り、狼害への脅し鉄砲・御放鳥・犬への傷害―」（同七号、二〇二〇年）に検討を加えた。

第二章「捨て馬の事件（二）―信濃、下野、上総、甲斐などの事例―」は、拙稿「生類憐みの令の裁判史料と解説（二）―信濃国の捨馬、及び江戸の蛇使いの事例―」（『法社会史紀行』五号、二〇一八年）、拙稿「生類憐みの令の裁判史料と解説（三）―常陸国新治郡・下野国都賀・上総国山辺各郡下などの捨馬事例―」『法社会史紀行』六号、二〇一九年）に検討を加えた。

第三章「大坂町奉行による豊後の倒牛事件の吟味と裁判」は、拙稿「第一章　生類憐みの令と身分制―大坂町奉行の豊後国被差別部落民取調べを中心に―」（熊谷開作先生生誕百年記念論集、石川一三夫・矢野達雄編著『裁判と自治の法社会史』晃洋書房、二〇二〇年）に検討を加えたものである。本稿の原型について、法制史学会近畿部会で二〇一九年一〇月にキャンパスプラザ京都で報告して黒田忠文氏などの御示教を得た。

補章「豊後の倒牛事件の解読史料」は、「千阪随筆　二」（内閣文庫）から、第三章の史料解読文である。主に史料紹介であった拙稿「生類憐みの令に触れた豊後国の賤民」の補訂である。

第四章「武士の鹿狩、江戸の蛇使い・犬への傷害などの事例」は、前掲『法社会史紀行』五号、及び同七号所収の拙稿に検討を加えたものである。

第五章「本書の成果と、残された課題」は、拙稿「生類憐みの令の特質」（上記『法社会史紀行』七号）に、大幅に補訂を加えたものである。なお、拙稿「第二章　生類憐みの令事件の取調べ・裁判をめぐる幕藩関係法―倒れ牛・捨て馬を中心に―」（拙著『近世・維新期の民衆と法―東九州を中心に―』文理閣、二〇二一年）も参考にした。

「生類憐み令関係年表」は旧稿を補った。

「あとがき」は新稿である。

かつて地元で主宰していた古文書解読会で、「千阪随筆」を扱い、会員から教えられることがあった。後藤編『法社会史紀行』に発表した関連する旧稿に対して、宮地正人氏、林由紀子氏や牧田勲氏などから有益な御示教を頂いた。同誌の五～七号及び後藤編・刊『歴史と文芸』八号（二〇二一年）に紹介してある。また文献の収集については、右崎正博・奥野恒久・天野雅夫の諸氏のお世話になった。併せて感謝を申し上げたい。

なお井伏鱒二「侘助」（鎌倉文庫『人間』一巻一号、一九四六年）によれば、「甲州の西代（ママ）郡に波高島といって富士川沿ひの小さな部落がある」。宝永四年（一七〇七）の大地震の頃に、この川中島も影響を受けて消え失せた。この波高島には一〇〇名余りの囚人が収容されていたが、生類憐み令に背いた者に限られていたという。同誌は田舎の同期生から戴いた。

二〇二四年九月六日　傘寿最後の日に

後藤正人

著者紹介

後藤正人（ごとう まさと）

一九四三年、青森県に出生。早稲田大学法学修士、大阪大学大学院法学研究科博士課程単位取得。現在：和歌山大学名誉教授、憲法研究所及び中日本入会林野研究会運営委員。

定年後（二〇〇九年四月以来）の主な作品

単著：『児玉花外の詩文と生涯 —社会的ロマン派詩人—』（文理閣、二〇一九年）

『近世・維新期の民衆と法 —東九州を中心に—』（文理閣、二〇二一年）

『歴史のなかの入会・入会権 —評定所の享保期入会裁判、近畿地方の入会史—』（文理閣、二〇二三年）

共著：『平和憲法と人権・民主主義』（法律文化社、二〇一二年）

『裁判と自治の法社会史』（晃洋書房、二〇二〇年）

『二一世紀の平和憲法 —改憲論批判と平和・人権保障の展望—』（法律文化社、二〇二四年）

監修・各巻解説・天民小史：『松崎天民選集』全一〇巻（クレス出版、二〇一三年）

共著・分担：『明治時代史大辞典』第三巻（吉川弘文館、二〇一三年）

編集・自刊：『法社会史紀行』創刊号～七号（二〇一四～二〇年）

『歴史と文芸』八～一一号（予定）（二〇二一～二四年）

主な論文

「徳島県立憲法記念館をめぐる法意識」（徳島県憲法記念館が正しい）（『大阪民衆史研究』六四号、二〇一〇年）

「憲法制定期における徳島地方紙の憲法論」（『大阪民衆史研究』六六号、二〇一一年）

「紀州藩大庄屋の公的生活」、「紀州藩大庄屋家の近代化」（『法社会史紀行』創刊号、二〇一四年）

「朝日新聞記者・松崎天民の新聞への提言と非戦論」（『大阪民衆史研究』七〇号、二〇一六年）

「明治一四年、和歌山県唯一の自由党員―幻の藪内平次郎〔写真付〕」（『法社会史紀行』三号、二〇一六年）

「幕末維新期における高野寺領民衆の法意識」（『法社会史紀行』七号、二〇二〇年）

「生類憐みの令の特質」（『法社会史紀行』七号、二〇二〇年）

「明治一〇年代和歌山の『方圓珎聞』」（一、二・完）（『歴史と文芸』九、一〇号、二〇二二、二三年）

「明治一〇年代『南海雑誌』の自由思想」（『歴史と文芸』一〇号、二〇二三年）

著者紹介

後藤　正人（ごとう　まさと）

1943年、青森県に出生。
早稲田大学法学修士、大阪大学大学院法学研究科博士課程単位取得。
現在：和歌山大学名誉教授、憲法研究所及び中日本入会林野研究会運営委員。
現住所：〒617-0856　京都府長岡京市金ヶ原平井７−３
最近の主な業績は巻末に記載。

生類憐み令事件の取調べと裁判
―道中奉行・大目付の捨て馬吟味を中心に―

2025年１月25日　第１刷発行

著　者　後藤正人
発行者　黒川美富子
発行所　図書出版　文理閣
京都市下京区七条河原町西南角　〒600-8146
TEL（075）351-7553　FAX（075）351-7560
http://www.bunrikaku.com
印刷所　亜細亜印刷株式会社

ISBN978-4-89259-963-7